THE POWER OF HABIT

习惯的力量

屈平 编著

XIGUAN DE LILIANG

北方妇女儿童出版社
长春

图书在版编目（CIP）数据

习惯的力量/屈平编著．—长春：北方妇女儿童出版社，2014.6
（悦读时光）
ISBN 978-7-5385-8348-9

Ⅰ.① 习… Ⅱ.①屈… Ⅲ. ①习惯性－能力培养－通俗读物
Ⅳ. ①B842.6-49

中国版本图书馆CIP数据核字（2014）第078652号

出 版 人：刘　刚
策　　划：师晓晖
责任编辑：刘　莉
制　　作：日知图书（www.rzbook.com）
开　　本：787mm×1092mm　1/32
印　　张：8
字　　数：160千字
印　　刷：北京联兴盛业印刷股份有限公司
版　　次：2014年6月第1版
印　　次：2014年6月第1次印刷

出　　版：北方妇女儿童出版社
发　　行：北方妇女儿童出版社
地　　址：长春市人民大街4646号
邮　编：130021
电　　话：总编办：0431-86037970
发行科：0431-85640624

定　　价：18.00元

罗马不是一天建成的，成功更不是一步登天的神话。如果你喜欢看成功人士的故事，你会发现，他们的事业金字塔是由一块块考究的基石逐渐搭建而成的。这些“基石”，就是做人做事的习惯。

美国成功学大师拿破仑·希尔说：“习惯能够成就一个人，也能够摧毁一个人。”习惯的力量是如此强大，让我们的人生有所不同。在本书中，我们将成功人士的良好习惯总结为六点，帮你逐条分析它们的重要性，并告诉你养成这些良好习惯的方法。

第一，做规划的习惯。想成功，不能像无头苍蝇一样乱撞，聪明的人都习惯给自己制定长远目标和阶段性目标，并且懂得用最短的时间、最低的成本去完成这些目标。如果说成功就是爬上金字塔的顶端，那么，规划就是为自己架起一座登顶的梯子。

第二，积极行动的习惯。“明日复明日，明日何其多。”这是所有渴望成功的人要铭记于心的话。有任务在身，就要毫不迟疑立刻去办；有梦想在心，就要扛住压力果断行动。要记住：实现梦想的第一步，就是从梦中醒来，动手去做。

第三，管理自我的习惯。管理自我要从三个方面着手，一是自持自律，专注做事；二是放低姿态，不露骄纵之气；三是慎独修身，为自己打造良好的口碑。

第四，卓越思考的习惯。虽然很多成功人士是从体力劳动做起，但是他们最后的成功必定是靠脑力。所以，要养成动脑筋的习惯，遇事灵活变通，考虑周全，要理性分析当前的局势，也要大胆创新开拓未来。

第五，持续学习的习惯。“我已经很优秀了”这样的想法是不应该有的。在信息爆炸的今天，知识更新速度太快，所以我们要有自我学习的习惯，丰富我们的知识，拓展我们的视野。

第六，与人合作的习惯。成功人士是精英，但绝对不是个人英雄主义、靠单枪匹马闯天下的孤胆英雄。他们都擅长与人合作，互利互惠，在良好的人际关系中谋求更大的利益。

总的来说，规划、主动、自律、思考、学习、合作是通向成功所需的六个习惯。理论学起来容易，实际操作起来要难一些。不过，专家曾经做过相关的统计，一个习惯的养成只需要半个月左右的时间。当你阅读本书之后，不妨在生活中督促自己将里面的内容逐一落实到现实中去。可能要经过短暂的“不适应”，但过了这个阶段，你会发现一个全新的自己。希望通过这本书，你能够找到叩开成功大门的钥匙，早日成为理想中的成功人士!

目录 Contents

Part 01

有效规划：准确安排，合理计划

人生犹如航行，

有了目标才会有持久的方向，

有了安排才能走得更远。

做好规划，

能顺利地开启我们的旅程，

迎向崭新的未来。

01

锁定目标，瞄准成功的靶心

对于没有目标的人来说，岁月的流逝只意味着年龄的增长，平庸的他们只能日复一日地重复自己。而对于目标明确的人来说，人生就是一场大胆前行、风景无限好的美妙旅途。

比赛尔是西撒哈拉沙漠中的旅游胜地，每年都会吸引大批的观光客，大幅度地拉动了当地经济的增长。但是很久以前，它只是一个只能进、不易出的贫瘠地方。因为在一望无际的沙漠里，人很容易迷路。一个人如果凭着感觉往前走，他只会走出许多大小不一的圆圈，最后的足迹十有八九是卷尺的形状。人们以前没有认识到这一点，所以很少有人能够走出去。

后来，一位年轻人出现了，他发现比赛尔四处都是沙子，一点儿可以参照的东西都没有，于是，他在晚上找到了北斗星，一直朝着北斗星的方向走，终于成功地走出了大漠。这位年轻人成了比赛尔的开拓者，他的铜像被竖在小城的中央。铜像的底座上刻着一行字：新生活是从选定方向开始的。

“新生活是从选定方向开始的。”你的生活目标选定了吗？你生活中的北斗星在哪里？如果你还没确定，那就请及早选择吧。有句俗话说“三百六十行，行行出状元”，工、农、商、学、兵各大行业类别中，你确定的人生核心目标是什么呢？如果你想做学问，就多了解学术前沿、新近成果；如果你想致富，那么就全力以赴寻找赚钱的机会，努力实现。要想成功，就得全身心奔向实现目标的旅程中。

曾经有个男孩，父亲是普通的马术师，家里过着最一般的生活，甚至略显贫寒。某天的作文课上，老师让学生们描绘自己的理想。这个男孩洋洋洒洒写了7张纸，他说自己想拥有一座牧马农场，他甚至仔细画出了一张农场的设计图，上面标有马厩、跑道等，在这一大片农场中央，还建有一栋豪宅。

作文交上去之后，老师不但没有表扬他，还给了他不及格，非常严厉地批评男孩说：“你年纪轻轻，不要老做白日梦。你没钱，没家庭背景，什么都没有。盖座农场可是个花钱的大工程，你要花钱买地，花钱买纯种马匹，花钱照顾它们。”老师接着又说：“如果你肯重写一个比较不离谱的志愿，我会给你打你想要的分数。”

这男孩回家后反复思量了好几天，最后他决定原稿交回，一个字都不改，他告诉老师：“就算不及格，我也不愿放弃梦想。”

20年以后，这个男孩真的实现了当初的梦想，他拥有了自己的牧马农场，养了无数的好马、名马，还住上了豪华的别墅。他把那位曾经泼冷水的老师请到他的豪华大农场里做客，老师不得不为自己当年的言行道歉，而这个曾经爱“幻想”的男孩——今日的农场主说，他之所以有这样的成就，就是因为他一直锁定儿时的梦想，从未放弃。小男孩以他的亲身经历证明，目标决定行动，行动实现目标。他没有地位显赫的双亲，没有家财万贯的资本，但是他有致富梦。他要成为富人，这个目标支持着他奋斗20年，直到愿望实现。与其他那些平庸的同学相比，他多的就是远大的目标和实现目标的勇气！

一个想成功的人，光把“成功”两个抽象的字符当成目标可不行，必须得让它形象化、具体化。笼统地说“我需要很多很多的钱”没有用，你必须确定渴望得到的财富的具体数额。“买房买车”是目标；“奥运夺冠”是目标；“舍得一身剐，敢把皇帝拉下马”是目标……有了目标的种子才可以孕育出一大片成功的森林。一旦锁定了你的目标，就要为它辛勤地播种、施肥，待它开花，早日结果。

成功锦囊

确立人生目标要尽早。年轻的时候一定要有自立、自强的意识，一定要使自己充满成功、致富的欲望。只有那些不满足现状的人，才能获得真正的成功。

细化目标，成功要步步为营

每个人都希望梦想成真，然而梦想似乎有点儿遥不可及。因为那是“梦想”，太过遥远。实现梦想就要把大的“梦想”变为一个个阶段性的小目标，逐步实现。

人有了目标，就有了前进的动力。但是在追求目标的路途中，大多数人会有力不从心的感觉——目标太过遥远，不知从何下手，不知道先走哪一步。关于这个问题，我们可以在马拉松运动员身上受到启发。

1984年，东京举行了国际马拉松邀请赛。比赛中大牌云集，人们纷纷猜测到底花落谁家。不料，最终夺冠的是一位名不见经传的日本选手山田本一。当记者问他凭什么取得如此惊人的成绩时，他说：“凭智慧战胜对手。”

当时许多人都认为这个偶然跑到前面的矮个子选手是在故弄玄虚。马拉松赛是体力和耐力的运动，需要良好的身体素质和出众的毅力，还没听说可以靠智慧取胜的。所以，人们并没有对山田本一的话做更多探讨。

两年后，意大利国际马拉松邀请赛在意大利北部城市米兰举行，山田本一代表日本参加比赛。这一次，他又获得了世界冠军。在问及他取胜的原因时，山田本一回答的仍是上次那句话：用智慧战胜对手。人们对他所谓的“智慧”迷惑不解。

10年后，山田本一的自传出版，他获胜的谜团才得以解开。他在自传中说：“每次比赛之前，我都要乘车把比赛的线路仔细地看一遍，并把沿途比较醒目的标志画下来，比如第一个标志是银行，第二个标志是一棵大树，第三个标志是一座红房子……这样一直画到赛程的终点。比赛开始后，我就以百米赛跑的速度奋力地向第一个目标冲去，等到达第一个目标后，我又以同样的速度向第二个目标冲去。40多千米的赛程，就被我分解成这么几个小目标轻松地跑完了。”

人生的奋斗跟马拉松赛场上的奋斗如出一辙。你设定的那个“人生目标”就是马拉松的全部赛程，因为遥远追求起来也太累，而且路上会有很多未知的困难。万一你扛不住，就会产生放弃的念头。假如你换个思路，把大目标分散成若干小目标，阶段性地完成这场

“比赛”，过程就会轻松许多。

很多富豪的成功目标就是用一个一个的阶梯目标搭就的。日籍韩裔富豪孙正义19岁的时候曾做过一个50年生涯规划：20多岁时，要向所投身的行业宣布自己的存在；30多岁时，要有1亿美元的种子资金，足够做一件大事情；40多岁时，要选一个非常重要的行业，然后把重点都放在这个行业上，并在这个行业中取得第一，公司拥有10亿美元以上的资产用于投资，整个集团拥有1000家以上的公司；50岁时，完成自己的事业，公司营业额超过100亿美元；60岁时，把事业传给下一代，自己回归家庭，颐养天年。

现在看来，孙正义正在逐步实现着他的计划，从一个弹子房小老板的儿子，到今天闻名世界的大富豪，孙正义只用了短短的十几年。

成功锦囊

你想追求大的成功，就要学会把大目标分割成一个个小目标，然后朝着最容易实现的那个目标先努力。有了这样的规划，在成功的道路上你就可以少走很多弯路。

修正目标，完善行动过程

没有谁的成功之路是一帆风顺的，那些看似“平坦”的成功大道，其实是不断修正的结果。要动脑筋填平路上的沟沟坎坎，放弃那些花里胡哨的诱惑，才能尽快通向成功的终点。

德国有个叫亨利·谢里曼的商人，幼年时期深深迷恋《荷马史诗》，并暗下决心投身考古研究。但是谢里曼很清楚，进行考古发掘和研究需要很多钱，而自己家境十分贫寒，没办法去实现这个宏愿。于是，从12岁起，谢里曼就自己挣钱谋生，先后做过学徒、售货员、见习水手，后来在俄罗斯开了一家商务办事处。表面看起来，谢里曼离考古的目标渐行渐远，实际上，他只不过是通过经商来为自己积累考古所需的资金。短期内，他是以“钱”为目标，但长远看来，则是为考古作准备。

多年以后，谢里曼终于在经营俄国的石油业中积攒了一大笔钱，当人们以为他会大大享受一番时，他却放弃了有利可图的商业，把全部时间和钱财都花在追求儿时的理想上去了。1870年，

他开始在特洛伊挖掘。几年时间，他先后挖掘出9座城市，并最终挖到了迈锡尼和梯林斯这两座爱琴海古城。这样，商人谢里曼就成了发现高度发展的爱琴海文明的第一人，其发现在世界文明史中有着重要意义。

这种“曲线”成功法值得我们借鉴。在现实的奋斗中，很少有人能够完美地奔着目标而去，只有不断修正自己的路线，找到一个更好的行动计划，才能让行动万无一失。

阿里巴巴、淘宝的创始人马云在追求自己的财富目标时，也采取了“另辟蹊径”的做法。刚刚流行电子商务的时候，国内业界人士都学习西方的做法，以ebay这样的“龙头老大”为榜样，走高端路线。但是马云觉得中国的国情跟西方不同，所以中国的电子商务应该切合中国的实际情况。1999年2月在新加坡召开的亚洲电子商务大会上，马云应邀到会。尽管大会美其名曰亚洲大会，但在受邀的与会人员中，真正黄皮肤黑头发的亚洲人却寥寥无几。当时参加大会的欧美人竟占到了80%。之所以会出现这种尴尬的局面，正是因为那时的亚洲电子商务还没有起步。

老外们所谈的自然是欧美式的电子商务，他们讲ebay，讲亚马逊，而在台下认真聆听的马云不禁暗暗地思考。轮到自己发言的时候，马云没有片刻犹豫，他用流利的英语说道：“亚洲电子商务步入了一个误区。亚洲是亚洲，美国是美国，现在的电子商务全是美国模式，亚洲应该有自己的独特模式。”

马云生长在私营中小企业发达的浙江，从最底层的市场一路走来，他深知中小企业的困境——被压榨、被控制。例如市场上一支钢笔的订购价是15美元，而沃尔玛开价8美元，但这是1000万美元的订单，供应商不得不做，因为如果第二年沃尔玛取消订单，这个供应商就完了。但是通过互联网，这个小供应商就可以在全球范围内寻找客户。马云思考的结论是：小企业通过互联网组成独立的世界，这才是互联网真正的革命性所在。

由此，马云的“捕虾理论”亮相于世。他认为中国的电子商务应该面向小企业，为众多小商户提供一个网络平台。也就是在这样的思路指引下，“阿里巴巴”和“淘宝”受到了众多商户的追捧，马云也因此成为中国B2B电子商务的佼佼者，实现了自己的财富目标。

两点之间有无数条线，按照平面几何的说法，应该是直线最短。但是有几个人可以幸运地找到那根“直线”呢？事实证明，很多成功人士的“直线”都是通过摸索、思考、修正才找到的。所以，我们在追求成功目标的路上，应该不断地审视自己的目标，走好脚下的路。

成功锦囊

“能干活不如会干活，会干活不如巧干活”，追求目标要勤奋，但是不能忙得没时间思考。要用大脑、用智慧干活，而不是把自己当成苦力。

放大目标，树立人生理想

儒家文化素来有“修身，齐家，治国，平天下”之说，从个人的修养，到家庭的建设，再到为国效力，不管你扮演哪一个角色，都有其相应的责任。真正的成功人士不但有财富方面的目标，更要有高层次的人生理想。

一个人只实现“小我”的目标是不够的，真正的成功人士，会让自己承担更多的社会责任，建立一种高于个人利害之外的使命感。

力帆的老总尹明善就曾经说：“在一定意义上，财富的积累就是责任的积累。当我挣1亿元的时候，我觉得欠别人的实在太多了，我自己哪有能力挣1亿元？是社会帮了我，政府帮了我，工程技术人员帮了我，员工帮了我。我要还员工的钱，把员工的饭碗保住，还要给他们增加收入；我要还政府的钱，依法自觉纳税，保证税收年年增加；我要还社会的钱，尽可能多地参加公益事业。”

娃哈哈集团的老总宗庆后也有同样的想法。目前，“娃哈哈”已经成为中国饮料业龙头企业，当年竞争激烈的对手纷纷败下阵去，乐百氏易帜、健力宝变卖、旭日升倒闭。但是宗庆后并没有觉得轻松，反而感到肩头的担子更重了，他的目标不再是简单地赢利，而是让“娃哈哈”作为中国的品牌同世界知名的饮料品牌抗衡，他有一种“要为中国民族工业争一口气”的责任感。他做瓜子，带动了内蒙古等地瓜子种植业的发展；他做牛奶，让天津等地的奶牛养殖户受益。他坚守着“凝聚小家，发展大家，报效国家”的经营哲学，用“娃哈哈”挣来的钱努力回报社会。

不论是医生还是护士，将军还是士兵，主管还是工人，你都需要把自己的目标放大一点，放到更高的层次上去看。“穷则独善其身，达则兼济天下”的先贤古训应该放在心头，一个狭隘的、只为自我小利而活着的人，算不上真正的成功者。只有能够放大目标、提升境界的人，才是让人敬重的真正成功者。

成功锦囊

树立远大目标一定要跟“眼高手低”区别开来，动不动就放眼全人类是一种空谈，必须在扎扎实实做好自己的事情的基础上，再肩负起更多的社会责任。

挑战目标，激发个人潜能

骨干是折腾出来的，潜能是激发出来的。人需要给自己定一个较高的目标，让自己格外努力才能做到。唯有如此，才能不断进步。

有人说，赚钱是会上瘾的，挣了1万就想10万，挣了10万就想100万，欲望无止境。其实，这并不是什么“贪婪”，这恰恰是成功人士都遵循的一种成功法则。不去挑战更高的目标，怎么超越自我呢？有了一点成绩就骄傲自满、停滞不前，早晚要落在人后。想成功，想进步，就得不断挑战更高的目标，激发自己的潜能。

徐凡是个典型的80后。读中专时，徐凡学的是计算机程序设计专业。他只要一学语文、数学就哈欠连天，但一上与计算机有关的课程就立即兴奋起来，脑瓜儿也转得飞快。要是聊计算机、IT话题，他可以唾沫横飞地侃个三天三夜。“我不做陈景润，不当周树人，要做就做中国的比尔·盖茨！”这是徐凡的经典语录。

在同学们还在拼命背程序设计指令时，徐凡已独立为自己所在的学校设计了一套学生管理系统软件。软件得到校领导和老师的高度评价：实用性很强！由此徐凡获得学校通告表扬以及200元奖励。那一年，徐凡17岁。他成了校园大名人，还赢得了一个足以让他骄傲得一飞冲天的雅号——“盖茨”（盖过比尔·盖茨）。

小小的成功难以满足徐凡，他想像比尔·盖茨一样开一家软件公司。他和几个铁哥们儿一起拟了公司章程、工作分配表，还印名片，印传单，发传单，跑写字楼，他们还学着当时流行的信件营销，写了大量的信件到处邮寄。

少年徐凡就此迈出了他追逐梦想的脚步。期间，他推销传呼机，赚了大钱；卖手机，被代理商骗得血本无归；他又进入重庆大学成教学院学习，恶补企业管理知识。这个“莽娃儿”不管是顺境还是逆境 ，都不曾忘记自己的“盖茨梦”。终于，在2005年，徐凡的“重庆旭帆电脑公司”正式开业。徐凡以“诚信为本，用心周到服务”为理念，小心翼翼经营自己的公司。2006年春节前夕，徐凡又投入20万元扩大经营规模，预计3月份将再投50万元，以完善和扩大渠道建设。单算扩张这笔“小”账，年纪轻轻的他身价已不少于百万元。

当然，这离比尔·盖茨的财富还很遥远，但是徐凡还在努力，他相信水滴总能石穿。他不可能一步登天追上盖茨，但是，他能不断超越自己，创下一个又一个财富纪录，刷新自己的成绩表。人就是需要这样一种精神，向榜样学习，向目标靠近，挑战自己，挖掘潜能。就像寓言故事里的小马过河一样，老牛说河水很浅，小松鼠说河水很深，只有自己亲自下河去走一走，小马才

知道能不能过。倘若小马偏听偏信，而不去亲自尝试，就永远不知道自己的“高度”，更无法到达理想中的彼岸。

成功锦囊

如果你想考试得到60分，就要冲着80分努力；如果你想跳高超过1.5米，就要用2米的横杆训练。努力拔高自己，才能得到更好的成绩，才能取得更大的成功。

超越目标，顺利掌握一切

人只要有上进心，就不会被眼前的成绩迷惑。真正的成功人士总是“向前看”，不断地把自己的目标后续、延伸。

没有任何一个成功人士敢拍着胸脯打保票说“我所有的目标都完成了”。相反，越是成就显著的人，越会给自己“加码”，翻过了一座山还要再翻一座。也只有这些不断为自己制订后续目标的人，才能顺利地“掌控”一切。

李开复在世界上很多知名的电脑公司工作过，苹果、微软、谷歌……特别是在他任谷歌大中华区总裁的阶段，经历了谷歌新品牌的建立、ICP许可证的获取、谷歌中断访问、谷歌反低俗涉黄事件……这一连串的困难与打击都没有打垮李开复，他坚持下来了。

作为一名外企总裁，他已经做到了最好。他带领谷歌用4年时间收回了被百度侵占的城池，使谷歌的市场份额从2006年的16.1%攀升至31%。事实证明李开复是一名合格的“将军”。

在旁人看来，他已经非常“成功”了。薪水高，职位高，社会地位高，一个人还求什么呢？李开复偏就给自己定了一个更高的目标：创业。

“创新工场”是2009年6月李开复躺在病床上等着做手术时琢磨出来的。2009年6月，李开复病倒了，躺在床上。“我就想我的职业生涯还有十来年，到底如何过才能更享受？”他说。他在微软和谷歌的那些日子是最享受的，他想让那种感觉永不退去。但是李开复辞职的念头却是在2008年就在他脑海中产生了：谷歌已经足够伟大，如果给我任何一家跨国公司中国区的负责人去换，我都不会换。如果非要说谷歌中国有什么变化让我不再眷恋了，那就是它变大了。这不是谷歌的问题，而是我发现自己永远在创业时最有激情最快乐，比如，1998年创办微软亚洲研究院的时候，2006年创办谷歌中国的时候，而现在我的兴奋度会降低。

“公司一旦做大、成熟，人就享受不到那种乐趣了。”李开复说。他想尽自己所能用自己所学帮助中国的年轻人去创业，那样他才会有长久的满足感。原来这就是他的“野心”。正是在这个“野心”的推动下，李开复离开谷歌，离开美国，来到中国，来到北京，开办了“创新工场”。

开办“创新工场”，李开复想到的是把风险投资和帮助中国的年轻人结合起来，建立一个青年创业平台。李开复说：“我就是创业导师，这个职业是我喜欢的教师、职业经理人和投资者三个角色的精华凝聚而成。”

“我不敢奢望我扶持的公司都能成功，但我的目标是在我的指导下诞生一个国际品牌。哪怕哪一天我不在人世了，我也会很欣慰，很满足。”李开复认真地说。

这样一看，我们惊叹：成功人士果然是非同凡响！要在一般人看来，拿着那么高的薪水，又在企业里拥有德高望重的地位，年纪一把，早该享清福了！李开复却要让自己更“累”，给自己确定更多的目标。其实这并不奇怪。人在追求成功的最初，可能是把“财富、荣誉、地位”这些东西当成目标的。事实上，在“边际效应”递减规律的作用下，当你拥有了一定的财富之后，财富对你的刺激就会减弱，你会需要更多不一样的成就感。这个时候，你就需要新的目标、新的动力。否则，在一个衰老、熟悉的旧体制中，你会感到不安，觉得很“没劲儿”。真正的成功人士懂得把自己的目标不断后续，让自己永远保持向前、向上的冲劲儿，这样才能保证经久不衰的战斗力和创新力，能够跟后来的小辈们一决高下！

成功锦囊

只有想不到的，没有做不到的。掌控一切、唯我独尊的“野心”其实也是一种理想、一种抱负。“野心”就是一个向导，有了它，你会有使不完的力气，用不尽的点子，你会沿着自己闯出的路一直走下去。

要事第一，从重到轻做事情

人的精力是有限的，要做的事情无限多，要把有限的精力用来办最重要的事、解决最重要的问题，这样才能真正做到四两拨千斤。

有的人抱怨工作任务重，有的人抱怨老板不赏识自己，有的人抱怨压力大，有的人抱怨时间不够用，却很少有人认真反省自己的工作方法是不是有问题。如果方法不得当，给你再长的时间也不会有实质性的进展。成功人士在做事情的时候都懂得动脑筋，把需要做的工作分出轻重缓急，先做最重要的、最紧急的，这样才能在有限的时间内学到更多东西，做出更多业绩，创造出更多的财富。

现在，摆在你面前的是一个铁桶、一堆大石块、一堆碎石、一堆细沙，还有一盆水。用什么方法才能把这些东西尽可能多地装进桶里？不同的人会有不同的方法，装进去的东西多少也不一样，这就是效率问题。最佳办法是：先放大石块，当铁桶“装满”之后，再放碎石，碎石就会沿着石块之间的空隙进入铁桶；

铁桶再次“装满”之后，再将细沙填入缝隙里；最后，如法炮制，将水倒进铁桶。这样一来，铁桶里的每一寸空间都会被充分利用了。

同理，你可以想象这个铁桶就是你的全部工作时间，而你要处理的大大小小事务就是石块、碎石、细沙和水。石块象征着既重要又紧急的事务，碎石象征着重要但不紧急的事务，细沙象征着紧急但不重要的事务，水象征着既不重要也不紧急的事务。你把这些事务条理清晰地归纳一下，合理分配花费的时间和精力，这样就能让工作效率提高。

有的人工作的时候显得很忙，连喝水的时间都没有，但是没有效率，要么不能按时完成工作量，要么完成的工作质量达不到要求，这比不能胜任工作更可怕。所以，不论在什么位置、干什么工作，抓重点、讲效率都是必要的。

成功锦囊

每个人的精神都有高峰和低谷，你应该了解自己每天在什么时间精力最充沛，把最重要的工作放到这时来完成。

摆脱琐事，不做糊涂穷忙族

穷忙族是“琐事”的受害者，他们看似很忙，每天都在打电话、写邮件、见客户，可是忙来忙去，既没有挣到钱，也没有自己的事业。迈向成功最重要的一步，就是把自己从这种没有价值含量的琐事中解放出来。

很多时候，我们会觉得百务缠身，有无数的问题等着去解决。在这种情况下，有些人会走向两个极端：暴躁或者自弃。越是这样，那些乱七八糟的事情似乎就会变得越来越难以理清和解决。这时候，人就会陷入一种手足无措的状态，不但抓不住重点和要解决的问题，而且还在无形之中给自己增加了压力，更加剧了内心的纷繁复杂。

在公司里，沙玫以文静、勤劳而出名。在没有人要求的情况下，她每天都早早到办公室，帮所有的同事擦桌子、泡咖啡，连办公室的地板都拖得干干净净。工作中她也甘愿充当“勤杂工”，其他人任务繁重时叫沙玫为他们跑腿打杂，沙玫二话不说就帮忙。中午订盒饭叫外卖的差事是由她来做，纯净水没有了也是她打电话要人来送，复印机、打印机没纸了要添纸，也由沙玫来完成。

既要做好自己的工作，又要帮其他同事的忙，一天下来沙玫觉得特别累，这并不是她想要的生活。但是，当别人对她笑一笑，说声“辛苦啦”，她又觉得自己的付出得到了回报。她永远

抱着这样的一丝幻想：这样努力做事，总有一天会得到升职、加薪的回报吧。特别是看了一些教人“不抱怨”的书之后，她坦然地觉得，自己这样任劳任怨的员工就是老板最赏识的员工，升职加薪的日子指日可待！

相反的，同一部门的纪灵跟沙玫同时进入公司，虽然常常嘴上说要帮沙玫分担一些事，但是从来没有动过手。她只对业务相关的事情格外专心，总是围着部门主管转来转去，在公司里与同事相处也十分融洽。纪灵想得最多的就是让自己成为这个部门最核心的骨干，还要成为主管最器重的人。

就这样，沙玫和纪灵在各自的职业轨道上忙活着。几年的时间转眼就过去了，她们的境况却大相径庭。沙玫除了靠老资历涨了一点基本工资，工作性质和工作状况跟初入公司时差别都不大。她结了婚生了孩子，每天忙忙碌碌满脸倦意。办公室那些杂事她还是大包大揽，混了一个“老好人”的绰号，却连半个新人都支使不动。

纪灵呢，却如愿以偿地升了职加了薪，并调到了期待已久的市场营销部。原来是她从前结识的一位客户提供情报给她，才能在市场营销部有空缺时，及时地调了进去。纪灵也结了婚，但几乎不做家务事，只把洗衣、做饭这种事情交代给小阿姨，自己像“少奶奶”一样动嘴不动手。

有时候，沙玫看到跟自己同岁、同时进公司的纪灵过着跟自己完全不同的生活，总是心里暗自伤感：这真是命啊！有些人不论怎么努力，日子还是那个样子；有些人不论往哪个方向走，前途都是一片平坦。

真的是“命运”使然吗？未必。实际上，沙玫就是个“琐事缠身”的牺牲品。公司里面所有琐碎、没技术含量、费力不讨好的活都丢给她。她深受其害，却不自觉，还幻想着自己的“勤劳”能够获得回报。要知道，“勤劳”并不意味着让双手变得粗糙，不断给人干体力活，而是意味着用双脚努力地四处奔跑，多动脑子做有价值的事。“用手工作”表示你是在原地被动地完成任务，而“用脚工作”却表示你在不断地适应环境变化，主动寻找新的出路。

与“琐事”相对应的，就是“要事”——有价值含量的事。在一个企业里，或者一个行业里，总会有某个部门、某个环节是最重要的。成功人士必须把自己放到这样的部门、领域，保证自己不被边缘化。

28岁的金洁原来就职于一家知名企业的信息部门，说是“信息部门”，具体工作内容却只负责输入数据。因为是一家大公司，连续两年她都只能负责同样的工作。起初，她还盼望着“媳妇熬成婆”，做久了能够接触到一些更加高端的工作。可是，她发现周围比她年长的职员们都在长期做这些枯燥的基本业务，因此她断定，自己在这家公司不会有什么发展机会。金洁向主管提出换岗，但是主管拒绝了她的要求。

深思熟虑之后，金洁决定辞职，跳槽到一家规模稍小但是更有发展潜力的IT公司做副主管。这家公司的管理体制是主管负责带着副主管熟悉业务，因此她能够跟主管学到很多相关业务的知

识，进步很快。工作一年以后，她便能够掌管包括建立系统到恢复管理在内的由系统工程师负责的整个业务流程。这家公司虽不能给她提供高福利待遇，也没有海外进修的机会，但她在这里学到了很多实用的知识，积累了宝贵的经验，这些是在前一家公司无法学到的。

审视自己，你每天的工作是什么，有多少价值，除了工资，它还能给你带来多少额外的东西。如果每天忙来忙去，却让你跟自己的梦想渐行渐远，那么，就给自己鼓鼓劲儿，跳出琐事的牵绊，去做那些更重要、更有益于你的事吧。

成功锦囊

说"不"是一种生存智慧，当有人把琐事推给你的时候，你也要酌情处理。不要一味埋头苦干，要多做能够创造价值的事，这样，才能找到成功的途径。

日事日毕，掌握“在今天”的成功原理

所有的成功人士都奉行“今日事，今日毕”的法则，绝对不能把今天的工作拖到明天，甚至更久。这是一种态度，这种态度决定一个人的成败。

拖延的习惯最能损害及降低人们做事的效率，因此你应该今日事今日毕，否则可能无法做大事，也不太可能成功。应该经常抱着“必须把握今日去做完它，一点也不可懒惰”的想法去努力才行。有些人在要开始工作时会产生不高兴的情绪，如果能把不高兴的心情压下来，心态就会越来越成熟。而当情况好转时，就会认真地去做，这时候就已经没有什么好怕的了，而工作完成的日子也就会越来越近。总之一句话，必须马上开始工作才是最好的方法。

海尔的总裁张瑞敏把“日事日毕，日清日高”作为海尔的口号。“日清”也是海尔推广的一种管理法，就是全面地对每人、每天所做的每件事进行控制和清理。“日事日毕，日清日高”是

说今天的工作今天必须完成，今天完成的事情必须比昨天有质的提高，明天的目标必须比今天更高才行。

崔淑立是海尔洗衣机海外产品经理，在贯彻“日清”制度时起到了表率作用。她接手美国市场时，前任经理提醒她：“拿下美国 B 客户非常难！”前任各产品经理在这位客户面前都业绩平平。“真这么难吗？我要怎样攻下难关？”崔淑立自问。

这天，崔淑立一上班就看到了 B 客户发来的要求设计洗衣机新外观的邮件。因为有12小时的时差，此时正是美国的晚上。崔淑立很后悔，如果能即时回复，客户就不用再等到第二天了——客户是上帝，怎么能让上帝等这么长时间呢？

从这天起，崔淑立决定以后晚上过了 11 点再下班，这就意味着可以在当地上午时间处理完客户的所有信息。三天过去了，“夜半日清”让崔淑立与客户能及时沟通，开发部很快完成了新外观洗衣机的设计图。就在决定把图样发给客户时，崔淑立认为还必须配上整机图，以免影响确认。她“逼着”自己和同事们完成“日清”——整机外观图一并发给客户。一切弄好之后，已经是晚上 12 点了。大约凌晨 1 点，崔淑立回到家，立刻打开家中电脑，当她看到客户的回复：产品非常有吸引力，这就是美国人喜欢的。她顿时高兴得睡意全无，为自己“夜半日清”产生的效果而兴奋不已！

样机推进中，崔淑立常常半夜醒来打开电脑看邮件，这样就可以即时给客户答复。美国那边的客户完全被崔淑立的精神打动了，推进速度更快了，B 客户第一批订单终于敲定了！崔淑立把

“日清”发挥到极致，也就创造了在大客户手中拿订单的传奇。

凡事都留到明天处理的态度就是拖延，这不但是阻碍进步的恶习，也会加深生活的压力。对某些人而言，拖延是一种心病，它使人生充满了挫折、不满与失落感。建议你从现在起就下定决心、洗心革面，今天的事一定要在今天完成。

成功锦囊

每天晚上睡觉前问自己一句：“今天的任务都完成了吗？”如果完成了，就能睡个好觉。如果没有完成，坚持把它做完再睡。

忙而不乱，和时间做好朋友

时间总是在你不经意的时候溜走，一去不回头。所以，不要再抱怨时间不够用，而是要努力“抓”住身边的时间，让它为你服务，做你形影不离的好朋友。

已经成功的人也好，尚未成功的人也罢，共同的苦恼是时间不够用。有些人忙成了“空中飞人”，在国内飞来飞去都算少的，一周之内飞遍亚、欧、美的人绝不在少数。一个人连轴转也不过24小时，如何在极为有限的时间里做那么多事？这就需要我们合理安排时间，做到忙而不乱。学会了这一点，就能够四两拨千斤。

小说《做单》里有这么一个例子。MBI公司大中华区总经理James在公司里是个神话一般的人物，他在美国MBI仅仅做一年销售就被公司破例送去哈佛读MBA，然后被派到香港后转到大陆。第一年做销售，第二年升任一线经理，第三年升任二线经理，当时的他还没超过30岁。伴随火箭般的提升，他的销售业绩也傲视群雄。他做一线经理的时候，业绩与去年相比，同比增长了300%。做二线经理的时候，业绩同比增长200%，一年后转任三线经理，统管了MBI最核心的生意。

这样一个人是怎样安排时间工作的呢？书中详细地分析了他的24小时：

James很有效率，每天准时8点15分到公司以后，马上打开电脑，开始工作。从开始那一分钟直到上午9点公司里的人到齐为止，他绝对不会因为任何原因中断自己的工作，他身边的人也已经掌握这个规律，很少有人在这个时间去骚扰他。

一到9点，James会马上合上笔记本，和刚刚到来的同事到会议室开会。办公室最热闹的时间段是9点30分到10点30分，大家都在互相聊天。他会利用这个时间段，集中性地和很多人一起沟通，目的性很强。

午饭他很少在公司吃，都会和客户约好，尽量在离公司最近的饭店吃饭，返回的时间通常会错开大家午餐的高峰，既节约等电梯的时间，也减少工作被打扰的机会。

下午他一般会和大家开会，讨论计划，5点到7点的时间又是他的个人工作时间，他无论如何7点都会准时离开办公室。

从公司到他家，路程大概40分钟到1小时，这个阶段他会在车里休息。8点到家后，老婆已把饭菜做好，利用半小时吃饭。8点30分，和老婆逗一会儿两岁的儿子到9点，再洗澡。他每天晚上9点30分准时上线，一直工作到凌晨两点，准时下线。睡4小时，早上6点起床，先处理昨晚的电子邮件，工作到6点30分。他会用20

分钟吃早餐。6点50分出门，早上不堵车，30分钟到公司，这时7点20分。然后到公司楼上的健身中心游泳，游到8点10分，再花5分钟到公司。正好8点15分。

千万不要以为这是小说杜撰出来的“完美”人物不值得效仿，恰恰相反，James非常具体地给我们展示了管理时间的最佳办法。就像小时候上学读书我们有课程表，到了什么时间就上什么课。书本按照课程表的安排准备就可以了，铃声一响我们就知道翻到哪本书的哪一页。

成功锦囊

时间跟人是好朋友，你对它好，它就对你好。你把时间合理安排好，时间就会给你相应的回报。你滥用时间，挥霍时间，时间也会同样对你。

合理规划，保证速度和质量

做事情最理想的境界就是又快又好，多快好省。成功人士都懂得在速度和质量之间力求平衡，为了求速度而牺牲质量，或者慢工出细活牺牲了速度，都是错误的。

中国传统的手艺人讲究“慢工出细活”，意思是说，事情要慢慢做，保证质量，质量优先。这在手工业为主的时代或许行得通，在高科技为主导的当今社会，恐怕寸步难行了。

这已经是艾玛达的第四份工作了，她不明白为什么无论在哪家公司，从事哪一份工作，每到年底考核之后自己都会成为被淘汰的那个倒霉蛋。而与自己学历相当、资历相仿的南希，到现在倒有了丰厚的业绩，而且有望得到进一步晋升。

回首这一年的工作，该完成的任务自己都已经完成了，可是为什么还会被炒鱿鱼呢？艾玛达找到了经理，希望经理能够为她解开这个谜团。经理对艾玛达说：“虽然你按时完成了每一项工作，但是这是每一名员工都应该做到的事情。与南希相比，她比

你工作起来更加用心，更加努力。举例来说，整理会议资料是一件平常而又简单的工作，你可以在很短的时间内完成，南希也可以。但是，南希会将会议资料合理地分成几类，便于上司开会时查找使用。记住，工作不仅仅要保量，更重要的是保质。”

艾玛达听完经理的话后，只好黯然地离开了公司。

其实，速度和质量并非水火不容，只要规划合理，计划得当，它们是完全可以兼容的。其中的关键在于你是否用心。很多常规性的工作，只要你动动脑筋，就可以用最少的时间做完，丝毫不影响其效果。

Ann就职于一家知名外企，在担任助理期间，Ann最大的收获就是跟着老板学习管理时间的方法，用最少的时间把事情做到最好。她的工作职责之一就是为老板安排行程。起初，她觉得这个工作很简单，不就是按部就班把所有的工作列在一张表格里吗？她一边感慨“老板的工作真多”，一边密密麻麻地编写着老板的日程表。终于有一天，老板向Ann抱怨起来：“你每天把时间排得这么满，我连想事情的时间都没有！”Ann惊愕了：你的工作多，难道是我的错？为此，Ann特意向公司里的前辈请教。有一位工作多年的助理告诉她，并非将所有的会议、拜访时间填进时间表就了事了，身为老板的助理，你要懂得分辨事情的轻重缓急，以及处理他们所需要的时间。然后，把它们分类整理到时间表里，既要让老板有休息时间，又要让他充分利用好每一分钟，只有便捷高效的日程安排才是老板最满意的。

Ann听了之后很受启发，开始专门研究如何帮老板制订省时省力的日程安排。她将老板的工作加以分类，会议安排在上午10点至12点，因为接下来有午餐打断，较不易拖拉；重要客户来访，要给大块的时间，如下午4点至5点30分，必要时还可接续至晚餐时间；每周安排两个下午给他思考或阅读相关书报，为公司政策构思最好的做法；同仁求见则视谈论主题，安排零碎的或可完整讨论的时间。果不其然，这样调整之后，老板的效率大大提高了，他非常满意地表扬了Ann，并且当着很多部门同事的面夸奖她是“得力干将”，让部门的人向Ann学习。而且，这样调整之后，Ann自己的工作效率也提高了很多，再不用被临时改动的时间表折磨，疲于奔命地通知这个延后、那个取消了。

我们没有办法改变事件的长度，但是可以调整它的宽度。不同的事情安排在不同的时间段，就会产生不同的效果。成功人士都会在时间的安排上花心思。正所谓“磨刀不误砍柴工”，只要你找对做事的方法，在事前进行合理筹划，就能把工作做得又快又好。

成功锦囊

绝对不能贪图“快”而牺牲质量。如果二者不能兼得，还是要质量优先。慢一点，顶多受到别人的埋怨，而质量太差，别人则会对你的能力、态度、为人进行多角度质疑。

惜时如金，利用零碎时间

成功人士都珍惜时间，永远要赶在时间的前面。他们会充分利用每一分每一秒，让零碎的时间产生巨大的效益。

事业上有所成就的人，多数都惜时如金，不贪安逸。他们舍不得花太多时间去休息、娱乐、享受，即便稍微有一点点空闲时间，他们想到的也不是休闲，而是利用它做点儿什么。

成功者懂得如何安排时间，懂得用什么来计算时间。

用月来计算时间的人，一年只能有12个月；用天来计算时间的人，一年只能有365天；用小时来计算时间的人，一天只能有24小时。而用分来计算时间的人比用时来计算时间的人时间多了60倍。而用秒来计算时间的人将比用分来计算的人时间多60倍，比用时计算的人时间多3600倍，比用天计算的人时间多86400倍，比用月来计算时间的人……

你必须用分、秒来计算自己的时间，唯有如此，你的一天才不仅仅有24小时；唯有如此，你的一年才能拥有13个月；唯有如此，你才能成功。

每天当别人用无聊的事情消耗时光时，你在奋斗，那么你的人生中这一天就多了那么一段时间，日积月累，你的一年就会比别人多了一个月，你就拥有13个月了。对于那些成功人士来说，闲暇是一种罪恶。虽然我们要劳逸结合、合理放松，但是如果你渴望成功，就要跳出温柔富贵乡，充分利用每一分每一秒去创造价值。

乔·贝塔莎是一名美籍自行车名将，17岁那年，她赢得了全美运动会自行车金牌。她的教练在评价她之所以获得成功之时，说了这样一句话："只因为乔·贝塔莎有能力把握每一天的时间。"

让我们看看乔·贝塔莎怎样度过每一天：早晨5点钟起床，6点钟出门，6点30分至7点做热身运动，7点至9点半进行日常的计划训练，10点钟在学校上课，16点下课，16点到19点在体育馆继续训练，19点到23点在家做功课，然后上床睡觉。

当别的孩子在早晨走出家门之前，乔·贝塔莎就已经开始了每日的训练；当别的孩子在电视机前消磨掉每天的大部分课余时间时，乔·贝塔莎训练之后，正驱车回家并且完成一天的功课；当别的孩子还未将一天的最后时间从餐桌或游戏房找回来时，乔·贝塔莎已经开始了另外一天。

一天究竟有多长？12小时？24小时？它们在绝对数量上只是一个数，但在相对质量上却有不同的使用效果。人的时间、精力和金钱都是有限的，使用的方法不一样，就会产生不一样的效

果。看看电视、玩玩网游、在BBS上面聊天灌水，时间匆匆忙忙就溜掉了。若是把大把时间都充分用来学知识、交朋友，就会把有限的时间变得有内涵、有意义。

美国著名思想家本杰明·富兰克林曾经举过这样一个例子：假如一个人每天充分利用时间的话可以挣10先令，然而，他没有这么做，而是用半天时间游玩，或者在沙发上干坐着消磨掉。这样，他就在娱乐上花费了5先令，还失掉了原本可以赚到的5先令。这么看来，时间真的是金钱！富兰克林说："记住，金钱就其本性来说，绝不是不能升值的。钱能生钱，而且它的子孙还会有更多的子孙……谁杀死一头生崽的猪，那就是消灭了它的一切后裔，以至它的子孙万代。如果谁毁掉了5先令的钱，那就是毁掉了它所能产生的一切，也就是说，毁掉了一座英镑之山。"富兰克林形象地给我们说明了一个道理：如果想成功，必须重视时间的价值。

人的生命只有一次，而人生也不过是时间的积累。你必须慎选使用的方式。要知道，让时光白白流逝，就等于毁掉人生最后一页。你无法将今天存入银行，明天再来取用。我们不能向别人多借时间，也不能将时间储藏起来，更不能加倍努力去赚取一些时间来用。唯一可做的事情，就是把它花掉。

认识你的时间，是每个人只要肯做就能做到的，这是一个人走向成功的有效的自由之路。驾驭时间、提高效率的方法概括为以下方面：

集中时间。切忌平均分配时间，要把自己有限的时间集中在处理重要的事情上。分清主次，切不可每样工作都抓，要敢于拒绝不必要的事。

把握时机。时机是事物转折的关键时刻。抓住时机可以牵一发而动全局，以较小的代价取得较大的效果。选错了时机，你花费再多的时间也是徒劳。

利用零散时间。参加工作之后，很难拿出整块的时间来做事情，所以我们必须抓住零散时间。上班路上，茶点时间，甚至上厕所的时间，看看书、读读报、回回邮件，都是好的。

充分利用会议时间。会议时间运用得好，可以提高工作效率，节约大家的时间；运用得不好，反而会降低工作效率，浪费大家的时间，更主要是浪费你的时间。

要记住，今天的每一分钟都胜过昨天的每一小时，今天的每一分钟都是最后的也是最好的。成功需要迅捷，每一分钟都要向成功靠近一步。你要坚持不懈地努力工作，你就能成功。

成功锦囊

不要总说“太累了”“太忙了”“没有时间”这样的话，这些都是懒惰的借口。只要你想做，总是有时间的。时间不等人，你错过了它，也就等于对成功投了弃权票。

平衡角色，让自己更出彩

知道自己是谁，知道自己在做什么，知道自己要怎样做，搞清楚这三个问题，人才能走向成功。

人年轻的时候最难做到的事是“自制”，血气方刚，英姿飒爽，锋芒毕露。就像无所畏惧的堂吉诃德一样所向披靡，痛快是痛快，却很容易得罪人，一不小心就会招来忌恨。这样做还有一个弊端，就是忘记了自己的角色，做了不该做的事，从而把重要的事情搞砸。

苏瑞在大学里是学校辩论队的主力辩手，曾经在很多规模不等的辩论赛上赢得最佳辩手的称号。他本人也颇为沾沾自喜。大学毕业之后，他进了一家高端轿车的4S店做销售，他信心满满，觉得凭自己的口才，很快就能成为销售冠军。然而，让他郁闷的是，工作了一个多月，他一直“不开张”。

原来，苏瑞尚未从“最佳辩手”的角色中走出来。他总喜欢跟人辩论，不管客户说什么，他都喜欢驳回，还觉得倍儿有面子。要是有客户挑剔他卖的汽车不好，苏瑞就精神抖擞、趾高气扬地跟人家理论。直到顾客兴致全无，悻悻而去，他还扬扬自得地说："哼，总算给他点儿颜色看了！"

正因为这样，苏瑞的汽车一辆都没卖出去，最终遭到同行的耻笑和老板的解雇。无奈之下，苏瑞选修营销员培训课程，希望提升一下自己的推销能力。培训老师很快指出了他"爱争论"的毛病，建议他管好自己的嘴巴，以和为贵，避免与人发生口角。

经过一段时间的课程培训，苏瑞终于不再是那个一听反对意见就反唇相讥的莽撞之人了。某一天，他向一位客户推销怀德卡车，但是那位客户丝毫不感兴趣，只是跟苏瑞滔滔不绝地谈起了赛车的好处。换作是以前，苏瑞肯定会跟客户据理力争卡车的优点。不过现在，苏瑞牢牢记住自己是个推销员，角色要求他对待客户要礼貌，于是他彬彬有礼地附和道："您说的话没错，那款赛车的性能确实不错，产品质量过硬，售后服务也很周到。"客户听完之后满心欢喜，与苏瑞攀谈起来。苏瑞趁机把怀德车的性能做了一番详细的介绍，最终说服客户下了订单。没过几年，苏瑞就当上了公司的"王牌推销员"。

人生有时候很像演戏，你需要扮演不同的角色，每一个角色都有他的行事方法和游戏规则，必须遵守。把这个角色演好了，你就能借助角色出彩；角色演砸了，你就难以成功。要把握好这一点，自制力显得尤为重要。不管什么时候，你都要记住自己现在的身份，生气也好，愤怒也罢，悲伤也好，激动也罢，尽量心情平和，把目前的角色演下去。这样，你的人生大戏才能成功落幕。

宋代有个叫韩琦的人，曾同大名鼎鼎的范仲淹一道推行新政，北宋时长期担任宰相职务。他镇守大名府时，有人献给他两只出土的玉杯，这两只玉杯表里毫无瑕疵，是稀世珍宝。韩琦非常珍爱，送给献宝人许多银子。每次韩琦大宴宾客时，总要专设一桌，铺上锦缎，将那两只玉杯放在上面使用。可是，有一次在劝酒时，一个官吏不小心碰倒了杯子，落地摔了个粉碎。在座的官员都惊呆了，碰碎玉杯的官吏更吓傻了，趴在地上请求治罪。韩琦却毫不在意，笑着对宾客说："大凡宝物，是成是毁，都有一定的时数，该有时它献出来了，该坏时谁也保不住。"说完又转过脸对趴在地上的官吏说："你偶然失手，并非故意，有什么罪过呢？"

这番话说得十分精彩！玉杯已经打碎，无论怎样也不能复原，责骂、痛打一顿肇事者吧，陡然多了一个仇人，众位宾客也会十分尴尬，好端端的一场聚会便不欢而散，也会损坏自己的形象。相反，韩琦此言一出，立刻博得了众人的赞叹，肇事者对他更是感激涕零，恐怕给他做牛做马也心甘情愿了。

元代吴亮在谈到韩琦时说："韩琦器量过人，生性淳朴厚道，不计较疙疙瘩瘩一类的小事。功劳天下无人能比，官位升到臣子的顶端，但不见他沾沾自喜。经常在官场的不测之祸中周旋，也不见他忧心忡忡。不管在什么情况下，他都能做到泰然处之，不被别的事物牵着走，一生不弄虚作假。处世上，被重用，就立于朝廷与士大夫们公平议事；不被重用，就回家享受天伦之乐，一切出自真诚。"

韩琦一生处于危险之地，而又一直立于不败之地，这是为什么呢？正如他自己所说的："天下之事，没有完全尽如人意的，

一定要用平和的心态去对待。”这就是韩琦处世高人一筹的秘诀。他知道自己的身份，清楚自己的角色，没有把自己当成“一人之下，万人之上”的大官员，也没有妄自菲薄贬低自己，他就是那样平和冷静地平衡着现实中的种种不如意，因此他才能把持自己，在大风大浪中岿然不动。只有这样的人，才能成为人生大戏中的赢家，才能笑着看到最后的成功。

成功锦囊

每个角色都有它特定的任务，当你身在其中，一定要搞清楚自己这个角色最重要的任务是什么。是员工，就要把组织交代的工作做好；是领导，就要把下属的工作安排好；是商人，就要把产品的质量和营销搞好。把角色最重要的任务做好，角色才能大放异彩，闪耀出成功的光芒。

Part 02

积极行动：勇敢向前，努力开拓

行动是永恒的动力，

在任何时候，

只要行动起来，

就能够不知不觉地走出低谷，

见到蔚蓝的天空。

02

主动出击，远离借口和假设

成功人士与失败人士之间的差别是：成功人士始终用最积极的行动、最乐观的态度和最辉煌的经验支配和控制自己的人生，失败者总是怨天尤人，找借口作假设，从不在自己的态度上找原因。

职场中，老板总喜欢那些主动做事、不找借口和托词的员工。生意场中，客户喜欢点子多、行动快、不为失败找理由的合作者。总结起来，不管是为别人打工还是自己当老板，都要你积极主动，开动脑筋想办法，把事情做成。一家全球500强公司的CEO说过这样一句话："对于不找借口，专注于执行的人，我愿意为他付出他想要的任何待遇。"所以，如果你想大展宏图，先记住四个字：不找借口。

不找借口体现的是一种服从、诚实的态度，一种负责、敬业的精神，一种完善的执行能力。西点军校里有一个广为传诵的悠久传统，就是遇到军官问话，只有四种回答："报告长官，

是。”“报告长官，不是。”“报告长官，不知道。”和“报告长官，没有任何借口。”除此之外，不能多说一个字。没有任何借口，应该是每个员工的工作基本准则。

美国电影《时尚女魔头》在国内热播后引起强烈反响，故事中杂志主编“刁难”下属的手段简直是“残忍”，她对下属的要求就是你必须做到，不管用什么方法。开始，那位助理被折磨得简直要发疯，辞呈差一点就递上去。但是编辑部的一位前辈跟她说：“你没有资格挑剔上司，作为下属，你的工作就是执行。”那位新人茅塞顿开。

后来，主编命令助理想方设法弄到《哈利·波特》尚未出版的手稿给自己的女儿看。这个要求看起来不可思议，但是，助理硬是给完成了！她终于被挑剔的上司调教成为一位“无所不能”的助理，在职业道路上有了质的飞跃。后来她再去其他报社应聘，这段经历成了她的议价资本。

这就是积极主动按要求做事的完美典型。执行老板的命令，竭尽全力让工作完成到最好，不但能够赢得老板的赏识，成为你加薪晋升的砝码，更重要的是能够锻炼你自己克服困难的能力。在一次又一次“看似不可能”的任务执行过程中，你逐步学会与人沟通交流，寻找解决问题的途径，无形当中你的思路就开阔了，口才也得到了提升。

可惜，很多人不明白这个道理，总在找各种各样的借口为自己办事不力开脱——“那个客户太挑剔了，我真的无法说服他。”“我没有在规定的时间里把事情做完，是因为同事的不配合，还有……”“天哪！我压根儿就没学过这些东西。”

不要给自己找借口，借口就像空气一样无处不在，只要想找，顺手拈来。职场狼能够在众多的打工者中胜出，重要的一点就是全力执行，不找借口。没有任何借口地去完成上司交代的工作是职场人的基本工作准则。去做了虽然不一定能成功，但是你不去做，连成功的可能性都没有！

成功锦囊

不断为自己的失败找借口，你就永远不知道正确的做法是什么。久而久之，别人认定你是“废物”，你自己也没有特长和资本，永远活在“假设”之中，成功会离你越来越远。

及时行动，让效率成为保障

聪明的人今天做明天的事，愚蠢的人今天做昨天的事。前者才有希望成功，后者注定与成功无缘。只有赶在时间的前面，高效完成手头工作的人才是幸运眷顾的人。

想成功，就一定要养成“及时行动”的习惯。接到命令就立马去办，不管是为上司服务还是为客户服务，务必要赶在对方追问结果之前给他一个满意的答复，这样才能表现出你的敬业精神和超强的执行能力，让对方对你有所赏识。没有人喜欢跟拖泥带水的人合作，如果你能及时行动，高效地做事，就能先一步赢得对方的好感，在以后的工作、生意交往中就会占尽先机。

俗话说商场如战场，而战场上往往讲究兵贵神速，谁能快一步行动就抢占了先机，也许半天的领先就能决定成败。某医疗用品公司销售部门的赵经理就深有体会。

某次，赵经理得到任务，要争取一位大客户。而且据可靠消息称，自己公司的竞争对手也要拿下这个单子。这场争夺客户的

硬仗不可避免地开始了。

接到任务后，赵经理不敢怠慢，立刻从销售部召集了几个他最信得过的干将，多方收集客户的资料，制订计划。他们一连准备了三天，多方打听、搜罗情报，终于找到客户那边的一个熟人，从他的嘴中探出了口风，知道了客户的想法。于是，赵经理一干人等投其所好，逐步打点大客户那边的关系，顺利地签下了单子。

后来，赵经理无意之中得知，他们之所以能够顺利地拿下这笔生意，还有一个重要原因，就是他们的竞争对手行动太慢。其实，对方早就开始准备谈这笔生意，但是对方带队的销售经理年纪比较大，又是刚刚从事业单位转过来的，办事风格求稳不求快，做事磨磨蹭蹭，缺乏积极主动性。这才让赵经理的团队“有机可乘”，先下手为强，抢下了这笔大买卖。

你想成功，想成为人中龙凤，就得比别人快一步。要不怎么说“早起的鸟儿有虫吃”呢。很多人有了好的计划后，不去迅速地执行，而是一味地拖延，以致让一开始充满热情的事情冷淡下

去，使强项逐渐消失，使行动结果大打折扣。

诺贝尔物理学奖获得者丁肇中就吃过这样的亏。1974年8月，美国纽约州阿普顿的国立布鲁海文实验室里，丁肇中和助手们一同发现了“J粒子”，但丁教授把这一发现放在了保险柜里，“慢慢”研究。同年11月10日，由里斯特领导的斯坦福直线加速器实验室里，也发现了同一粒子，结果在1976年12月11日，丁肇中只能跟里斯特在瑞典斯德哥尔摩平分诺贝尔物理学奖。

每个人都有懒惰的天性，而善于进行时间管理的人能够克服这种天性，使自己勤奋起来。单靠勤奋不一定能取得成功，但成功者无一不是勤奋的。懒惰的人在浪费时间的同时，也丧失了成功的机会。

真正的幸福和成功绝不会光顾那些精神麻木、四体不勤的人，幸福和成功只存在于辛勤的劳动和晶莹的汗水中。如果你有懒惰、拖延的习惯，那么从现在开始，积极行动，做一个跟时间赛跑的人吧！

成功锦囊

先老板一步，可以为自己赢得主动权；先别人一步，可以在同事中脱颖而出；先自己一步，可以提升自己的能力，赢得更好的职场升迁机遇。

勇于尝试，让自己越来越强

人是要有一种精神的。人的主观能动性的充分发挥，会创造无法估量的效益。人要敢于挑战自我，敢打硬仗，让自己在实践中越来越强。

“狭路相逢勇者胜”，在激烈的人才竞争中，只有勇敢的人才能赢得胜利，赢得尊严，取得最后的成功。战争中，队伍推崇那些敢于炸碉堡、堵枪眼的英雄；企业里，老板青睐那些敢于挑大梁、接受重任的员工；生意场中，谁都愿意跟有手段、有本事的人合作。这都告诉我们一个成功法则：胆小的人无法成功。你只有敢于尝试，敢于在实践中不断丰富自己，让自己越来越强，才能在高手如林的竞争赛场中成为佼佼者。

在我们的部队中，有“轻伤不下火线，重伤不进医院”的话。第二次国内革命战争期间，一家驻地野战医院收治了一个患急性阑尾炎的战士。按惯例，需要手术切除病变阑尾。这是外科常规手术。在手术台上，当护士注射完麻药，主刀医生用手术刀划开病人腹部时，病人大叫一声。在场的医生、护士都不屑地皱

皱眉。器械护士鄙夷地说：“还是‘红一师’的兵呢，阑尾炎手术还怕疼？”

这个战士果然紧紧闭住了嘴。手术结束后，在场的人发现，战士虽然没有再叫唤，但已经休克。清点时才发现，因护士粗心，术前给战士注射的不是麻药，而是生理盐水。

中国传统故事里“刮骨疗毒”的真伪我们无法考证，但在红军将领中确实有这样的故事。

原总政治部主任余秋里将军是解放军中的独臂将军。红军长征途中，时任团政治委员的他为掩护团长，被炸负伤。由于当时医疗条件所限，受伤的臂膀没有得到及时有效的治疗，化脓了。为了保住性命，只有截肢。当时没有麻药，做完手术后，余秋里咬烂了口中的棉絮，大汗淋漓的他幽默地说：“睡了个好觉。”

只有坚强的人才能打硬仗、打胜仗，不在实践中检验，不面临严酷的考验，你就不知道自己的耐力到底有多大。

据说，拿破仑在一次打猎的时候，看到一个落水男孩一边拼命挣扎，一边高呼救命。这河面并不宽。拿破仑不但没有跳水救人，反而端起猎枪，对准落水者，大声喊道：“你若不自己爬上来，我就把你打死在水中。”那男孩见求救无用，反而增添了一层危险，便拼命地奋力自救，终于游上岸。

故事的寓意告诉我们：人的潜能是无限的，只要你努力去挖掘，总能带来惊喜。不管是给别人打工，还是自己创业，想成功的人就得想象自己的面前有一把猎枪，如果你不努力，猎枪就会要你的命。这时，你的潜能都发挥出来，一个严峻的挑战就会变得微不足道。在竞技状态的激励下，你的能力会增强数倍。

柳传志是联想的支柱。2004年，联想成功收购IBM全球PC业务，他在回答记者关于“为什么2001年要把班交给杨元庆”的问题时说：“当时我们也考虑‘空降’，在香港或海外找一名能担当大任的管理人‘空降’联想并不太难，但找一名不管遇上多大压力都能说实话，又有上进心的年轻人，实在很难。1994年，杨元庆出任PC部门主管时，没有经验，不能适应，但他从不妥协，敢于打硬仗，使联想PC业务走上正轨。企业领军人物要明白办企业不进则退的道理，在市场上要有敢闯、敢冲的精神。这是我们选择杨元庆的原因。”事实证明，联想董事局的选择是正确的。

骨干是折腾出来的，人的能力也是在一次又一次的严峻考验中锻炼出来的。或许你的阅历还很浅，那就更需要历练；或许你的经历还很少，那就更需要锤打。勇敢尝试，在犯错中成长，不断吸取经验和教训，才能一步一步通往成功的终点。

成功锦囊

不要害怕头上顶一个“炸雷”，当别人都像躲瘟疫一样躲任务的时候，你把它接下来。这是让人锻炼、让人成长的机会，你可以在其中总结经验，或者收获教训。

充分准备，迎接各种挑战

机会总是留给有准备的人，如果你还在抱怨命运没有给你机会，不妨换一个角度看，是你准备得不够充分还是你的眼力没能识别出擦肩而过的机会呢？

小谢大学毕业后在一家贸易公司当了一名临时职员。从上班那天起，她就时刻提醒自己，一定要做一名合格的正式员工。为了达到这个目标，她通过各种渠道认真全面地了解公司的情况，以便在以后的工作中能更准确、更有效地采取行动。她经常积极主动地向同事们请教问题，努力提高自己的技术能力。在同事遇到问题或忙不过来的时候，她还能在完成本职工作的基础上帮帮别人。在领导下达给那些正式职员一些任务时，她自己也主动完成一份，完全按照正式职员的标准要求自己。在结束一天的工作之后，她还常常不怕辛劳，准备好第二天要用的资料。对此，有的人总笑她太傻：那么辛苦干吗？领导又看不见，太不值得了。面对这些，小谢总是一笑了之，从不辩解，只是继续做着自己认为应该做的事情。

一转眼，小谢这个“临时工”当了四个月。某天，领导向办公室主任要香港会议所用的资料。办公室主任很害怕，他以为领导后天才去香港，材料不急着要，所以没准备好。领导忍不住发了火：“临时有了变动，今天下午就要去的。还没准备好吗？我不是前两天就跟你说了吗？你自己想办法解决！”

正在办公室主任一筹莫展的时候，小谢拿出自己准备的那份资料交给他说：“我准备的，您看一下吧。”主任一看，那是一份非常专业、整齐、全面的材料，于是赶忙给领导送了去。领导看了看问：“这是谁准备的？”主任回答：“一个临时职员。”领导很满意。几天后，领导从香港回来，第一件事就是把小谢转为正式职员。

凡事都要早作准备，只有这样，才能比别人更快地进入工作状态，更快地想出办法，更快地付诸行动，更快地达到目标。俗话说“笨鸟先飞早入林”“早起的鸟儿有虫吃”，即使我们不是“笨鸟”，也要“先飞”，也要“早起”，因为只有把工作提早开始，我们才能比别人更早获得机会，从而比别人更早获得成功。

谭丁大学毕业之后进入了一家知名的连锁超市。按照公司的规定，她必须从基层员工做起，每天在老员工的带领下清点货品数量、摆放货品，看起来像个女装卸工。但是谭丁并不气馁，她在心里暗暗发誓：我绝对不是搬运工，即使是搬运工，我也是最好的！她以更积极的态度投身到工作中，认真细心，从来没有出过差错，得到了主管的认可。

很快，她被调到采购部门，脱离了“体力工作者”的队伍。可是她对采购工作没有任何经验，感到工作开展得极其艰难。她顶住压力，抓住一切机会跟同行业的前辈交流，并且在工作中逐渐积累经验，逐渐掌握了谈判的要诀和技巧，同时也考虑到供货商的利益，注意把握一种双赢度，终于打开了采购工作的局面。

日子在一天一天好转，谭丁的热情越来越高涨。她很快就从一个普通的采购员升任到助理采购经理，再到采购经理，直到商品部总经理。大家都认为她前途无量。

命运总是垂青那些自动自发、积极热忱的年轻人。“勤奋好学”不是一句空话，而是需要你实实在在去学东西，不断充实自己，完善自己，让自己的能力达到新的层次。一旦你具备了那样的实力，一个细小的机会都可能成为改变你命运的关键。

成功锦囊

当你主动给自己更高的定位，并主动把这些事情做好时，你就会比同事走得更快、更远，你在老板心目中的位置也会随之升高，带给你的也将是更多的发展机会和空间。

大胆去做，一切皆有可能

“我还太年轻”“我经验不够”“我资历太浅”……这些都是借口。如果你想做某件事，就大胆去做，只要你用心了，一切皆有可能。

老话说：“只有想不到的事，没有做不到的事。”这告诉我们一切皆有可能，只要你用心去做。有些人，特别是心理素质欠佳的年轻人，受了一点挫折和委屈，就觉得前途一片茫然，万念俱灰。这恰恰是心态作祟。

其实这世界上没有绝对的“能”与“不能”，它们之间的转化很容易，就看你功夫下到了没有，你是否用心了。如果你够勇敢，够努力，成功总会降临到你身上。

中国优秀企业家代表吴士宏女士进的第一家外企是IBM公司。一开始她做的是“行政专员”，几乎与打杂无异，什么都干。吴士宏自己回忆说：“我刚进公司时沏茶倒水、打扫卫生，完全是脑袋以下肢体的劳作。我曾感到非常自卑，连触摸心目中的高科

技象征的传真机都是一种奢望，我仅仅为身处这个安全而又解决温饱的环境而感宽慰。然而这种内心的平衡很快被打破了，有一次我推着平板车买办公用品回来，被门卫拦在大楼门口，故意要检查我的外企工作证。我没有证件，于是僵持在门口，进进出出的人们投来的都是异样的眼光，我内心充满了屈辱。”

这段生活对吴士宏影响非常大。她身处一群无比优越的真正白领阶层中，感到了巨大的压力，她常常觉得自己真的没有能力，没有价值。但是，压力很快变成了动力。吴士宏努力学习，勤奋上进，就像不断有鞭子抽打着她，驱使她往上走。没多久，她就通过了严格的专业考试，由“蓝领”变成了当之无愧的“白领”。

1992年年底到1993年年初，吴士宏经历了她职业生涯中的又一个转折。当时IBM在中国成立了独资分公司，相应的中国员工也就从外企雇员变成了外资独资企业的直接雇员，原先个人升迁方面的一些障碍也开始消解。很快，吴士宏成了经理。她又有了新的“野心”——一步步做上去。她开始有意识地做事和思考，想自己究竟缺什么，需要补充些什么。1997年，吴士宏在广州任IBM华南区总经理，管理一个拥有200多人的公司。就这样，在IBM中国公司工作的13年里，吴士宏从一个前台的接待员做起，历任销售代表、销售经理、华南区总经理、网络计算战略研究员，一直做到IBM中国区经销渠道的总经理。

吴士宏用自己后天的努力跨越了“蓝领”和“白领”的界限，又沿着成功的阶梯步步高升。“能”与“不能”的转化就在一念之间，如果你不去做，就永远“不能”，大胆试一试，就变成了“可能”。

23岁那年，原一平离开家乡，到东京闯天下。第一份工作就是做推销，但是碰上了一个骗子，卷走保证金和会费就跑了。为此，原一平陷入了困境。他揣着自己的简历，走入了明治保险公司的招聘现场。一位刚从美国研习推销术归来的资深专家担任主考官。他瞟了一眼身高只有145厘米，体重50千克的原一平，抛出一句硬邦邦的话：“你不能胜任。”原一平惊呆了，好半天才回过神来，结结巴巴地问：“何……以见得？”

主考官轻蔑地说：“老实对你说吧，推销保险非常困难，你根本不是干这个的料。”

原一平被激怒了，他头一抬：“请问进入贵公司，究竟要达到什么样的标准？”

“每人每月10000元。”

“每个人都能完成这个数字？”

“当然。”

原一平不服输的劲儿上来了，他赌气说：“既然这样，我也能做到10000元。”

主考官轻蔑地瞪了原一平一眼，发出一阵冷笑。

原一平“斗胆”许下了每月推销10000元的诺言，但并未得到主考官的青睐，勉强当了一名“见习推销员”。原一平没有办公桌，没有薪水，还常被老推销员当“听差”使唤。在最初成为推销员的7个月里，他连一分钱的保险也没拉到，当然也就拿不到分

文的薪水。为了省钱，他只好上班不坐电车，中午不吃饭，晚上睡在公园的长凳上。

然而，这一切都没有使原一平退却。他把应聘那天的屈辱，看作一条鞭子，不断“抽打”自己，整日奔波，拼命工作，为了不使自己有丝毫的松懈，他经常对着镜子，大声对自己喊：“全世界独一无二的原一平，有超人的毅力和旺盛的斗志，所有的落魄都是暂时的，我一定要成功，我一定会成功。”他明白，此时的他已不再是单纯地推销保险，而是在推销自己。他要向世人证明：他是干推销的料。

每天清晨5点，原一平起床从“家”徒步上班。一路上，他不断微笑着和擦肩而过的行人打招呼。有一位绅士经常看到他这副快乐的样子，很受感染，便邀请他共进早餐。尽管他饿得要死，但还是委婉地拒绝了。当得知他是保险公司的推销员时，绅士便说：“既然你不赏脸和我吃饭，我就投你的保好啦！”原一平终于签下了生命中的第一张保单。更令他惊喜的是，那位绅士是一家大酒店的老板，帮他介绍了不少业务。

从这一天开始，否极泰来，原一平的工作业绩开始直线上升。到年底统计，他在9个月内共实现了16.8万日元的业绩，远远超过了当时的许诺。公司同人顿时对他刮目相看，这时的成功让原一平泪流满面，他对自己说："原一平，你干得好，你这个不吃中午饭，不坐公车，住公园的穷小子，干得好！"到了1936年，也就是原一平从业6年之后，他的推销业绩已经名列公司第一。

有句广告词说："年轻，没有什么不可以。"我们可以把它换成："大胆去做，没有什么不可以。"那些成功人士之所以成为"传奇"，就是他们以凡人的身份做最平凡的事，把平凡的事做得不平凡，把"不可能"变成了"可能"。拿出勇气来，拿出信心来，拿出"屡战屡败，屡败屡战"的精神来，你一定能成功！

成功锦囊

成功蕴藏在一次次的尝试和超越中。它不会平白无故掉在某个人的怀里，它只青睐那些不断寻找成功之路的人。

坚持到底，为自己和他人负责

坚持到底是一种精神，铁杵磨针、水滴石穿都需要它。坚持到底是一种态度，是对自己负责，为自己的梦想埋单。只有这样的人才可能到达成功的彼岸。

古往今来，每一位成功人士都经历过痛苦的磨难，他们在痛苦中锻炼成长，锻造出坚强的性格。希腊神话里的勇士成功地走进迷宫要靠一条红线才能完成，你的红线就是坚持!

史泰龙是好莱坞票房收入数一数二的大明星，在全世界拥有众多粉丝，但是很少有人知道他的成功道路有多曲折。他的父亲是个赌徒，母亲是个酒鬼。父亲赌输了，打完母亲再打他；母亲喝醉后，同样也是拿他出气。他在拳打脚踢中渐渐长大。他刚上到高中就辍学在家，在人们鄙夷的目光中，开始寻找自己的出路。最后，他决定当演员。可他哪里又有当演员的条件呢？相貌平平，又无天赋，再说他也没受过什么专业训练啊！然而，决心已下，他相信自己能吃下世间所有的苦而永不放弃。

于是，他开始了自己的“演员”之路。他来到好莱坞，找明星，找导演，找制片，找一切可能使他成为演员的人恳求：“给我一个机会吧，我一定会演好的！”很不幸，他一次又一次地被拒绝了，但他并不气馁。他知道，失败一定是有原因的，每被拒绝一次，他就认真反省、检讨、学习一次。然后再度出发，寻找新的机会。为了维持生活，他在好莱坞打工，干些笨重的零活。两年一晃而过，他被拒绝了1000多次。

面对如此沉重的打击，他暗自垂泪。难道真的没有希望了吗？难道赌徒、酒鬼的儿子就只能做赌徒、酒鬼吗？不行，我必须继续努力！他想，既然直接做个演员的道路如此艰难，那么，能不能换一个方法呢？他尝试着“迂回前进”：先写剧本，待剧本被导演看中后，再要求当演员。毕竟如今的他已不是初来好莱坞的门外汉了，两年多的耳濡目染，每一次被拒都是一次学习和一次进步。他大胆地动笔了。

一年后，剧本写了出来，他又拿着剧本遍访各位导演：“这个剧本怎么样？让我当主演吧！”剧本还可以，至于让他这样一个无名之辈做主演，那简直就是天大的玩笑。不用说，他再次被拒绝。

面对拒绝，他不断地鼓励自己：“不要紧，也许下一次就行，再下一次……”就在他遭到1300多次拒绝后，一位曾拒绝了他20多次的导演对他说：“我不知道你能不能演好，但你的精神让我感动，我可以给你一次机会。我要把你的剧本改成电视连续剧，不过，先拍一集，就让你当男主角，看看效果再说。如果效

果不好，你从此就断了当演员的这个念头吧。”

为了这一刻，他已做了三年多的准备，机会是如此宝贵，他怎能不全力以赴？三年多的恳求，三年多的磨难，三年多的潜心学习，让他将生命融入了自己的第一个角色中。幸运女神就在那时对他露出了笑脸。他的第一集电视剧创下了当时全美的最高收视纪录，他成功了！史泰龙的健身教练哥伦布曾经评价他道：“史泰龙做任何一件事都百分之百地投入，他的意志、恒心与耐力都令人惊叹。他是一个行动家，他从来不呆坐着等待事情发生，他会主动令事情发生。”

坚持到底，就能有所转机。坚持到底，是对自己的梦想负责。坚持到底，是对所有关心你、支持你的人有所交代。跬步虽短，可积千里；蝼蚁虽小，上食尘土，下饮黄泉。这都是坚持的力量。如果你能够坚持下去，光辉灿烂的前程就一定会呈现。

成功锦囊

追求成功的人有无数，最终取得成功的，往往并不是那些天赋异禀、头脑聪明的人，而是锲而不舍、坚持不懈的人。所以，千万别仗着自己有点小聪明就半途而废，即便在外人看来你的坚持有些“傻气”，也要“傻”着坚持下去，能够笑到最后的人才是笑得最美的。

“压”苗助长，很多成绩源自压力

苏轼讲过：“古之成大事者，不唯有超世之才，亦必有坚忍不拔之志。”要想成功，要么你有超高的天赋，要么你有顽强的毅力。前者不是我们能够左右的，那就在后者上面下功夫吧。

于丹教授在《论语心得》中曾讲过这样一个真实的故事。一群英国科学家想试验一下南瓜这种普普通通的植物生命力究竟有多强，于是，他们在很多同时生长的小南瓜上加砝码，既不能把南瓜压碎，也不能把它压得不再生长。不同的南瓜被压上了不同的砝码，而且，随着南瓜不断生长，压在上面的砝码也不断加重。从一天几克、几十克、几百克，到一天几千克。直到压得最多的一个南瓜长大成熟时，大家惊奇地发现，它已经被压上了数百千克的分量。

后来，科学家们开始动手研究这些被压的南瓜。他们用刀一个个剖开南瓜，其他南瓜都顺利地被切开了，只有那个承载数百千克分量的南瓜竟然将刀硬生生地弹开了。大家又拿来斧子砍，结果斧

子也被弹开了。最后，这个南瓜是用电锯“吱吱嘎嘎”锯开的。经检测，这个南瓜果肉的强度已经相当于一棵成年的树干了。

从这个实验中我们可以看出，很多成绩其实是“压”出来的。有时候，你觉得自己处在一种被动的局面，迫切地想改变这种窘境，就会开动脑筋想办法，发掘更深一层的潜力。

在外界看来，力帆老总尹明善是继李书福之后名副其实的第二个汽车狂人。他是怎样成为国产汽车行业的先锋人物的？看看他幼年的生活就明白了。

尹明善的父亲早逝，12岁的尹明善随年过半百的老母亲被迫来到郊外的一座荒山上，住在一间被人弃置的茅屋里，家境自然极为贫寒。为了谋生，尹明善做起了被当时人们所不齿的货担郎。他从一个好心人那里借了5角钱，卖针头线脑。不管刮风下雨，他都起早贪黑，独自穿梭在重庆至涪陵的乡镇间，靠一点点微薄的利润养活母亲和自己。尽管很辛苦，但从重庆城里以一分钱5枚针的价格买进，再到乡下以一分钱一枚的价格卖出，一年下来5角钱的本钱居然变成了几十元钱。这让尹明善尝到了勤奋和智慧的甜头，更重要的是，他通过卖针线完成了他最初的商业启蒙，挖到了人生的第一桶金——学会了资金的调用和拆借。

尹明善称，开始时他是在乡下卖完针，赚到钱后再到重庆进货。当时一位相识的卖鸡蛋的年轻人则是先在乡下拿钱收购鸡蛋，然后运到重庆卖掉。两人一起盘算，把两人的资金合在一处，尹明善把在乡下卖针线得来的钱都交给他，这样他可以多收购一些鸡蛋，到重庆他卖掉鸡蛋后再把钱交给尹明善，尹明善就又可以多进些针头线脑。根据自身的需要而想到的这一办法，没想到为后来尹明善经商埋下了伏笔。

12岁的尹明善“做生意”就做得这么成功，与其说是他“天赋异禀”，还不如说是他少年时代的艰辛困苦逼迫使然。因为磨难，尹明善早早便不得不为生计着急奔波。而这样的经历，无疑为他后来的大器晚成造就了不可缺少的素质。

有人说，我们追求成功、追求财富，不就是为了享受更舒服的生活吗？干吗要跟压力较劲？其实这是一个鸡生蛋还是蛋生鸡的辩证问题。如果你贪图享受、逃避压力，你就不会有进步的机会，不会挣到更多的钱，不能享受到更好的生活。如果你顶住压力往前走，就能找到更多机会，发掘更大的“金矿”，收获更高层次的成功。细想一下，成功人士都是这样“折腾”出来的。所以，别太溺爱自己，养成对抗压力的习惯，甚至不时给自己加加压，可能就会提升到更高的境界。

成功锦囊

人都是有惰性的，完全靠自己的自制力做事情其效果往往就会大打折扣，因此保持适当的压力，会让工作更有效率。

走出窘境，压力是你前行的动力

很多成功人士都遭遇过窘境，然而，正是窘境促使他们奋发向上，内心的压力变成一种喷薄而出的动力，使他们更有激情地去追求成功。

西方有句“北风造就维京人”的谚语。意思是维京人生活的艰苦环境造就了他们勇敢、勤劳、靠智慧和双手跟大自然斗争的性格。如果一个人轻而易举就拥有安全而舒服的生活，没有任何困难或压力，过得舒适与清闲，这样的人很难有所作为。相反，那些生活在苦难中的人，更愿意发挥主观能动性去挑战困难，实现自我救赎。

瑟玛·劳拉是畅销书《光明的堡垒》的作者，她的这部作品，就源自于一段“苦难”的生活。当时，她的先生是军官，驻守在加州莫嘉沙漠附近的陆军训练营里。劳拉做了随军家属，也搬到那里去住。到了沙漠后，劳拉简直要绝望了，那里居住条件极差，一间小小的简陋的房子白天最热时近50℃。而且，丈夫被派出去执行任务，劳拉找不到任何人可以与之交谈，两眼所及之处都是沙子。

劳拉的压力很大，到底是继续留下来陪丈夫受罪，还是回到城市？要是回去，别人会怎么看她？她写信向父母哭诉，而父母只给她回了一句话："两个人从监狱的铁栏里往外看，一个看见烂泥，另外一个看见星星。"

看到父母的话，劳拉开始反思自己。自己的压力主要源自"不适应"，如果她试着去适应当地的环境，接触当地的人，情况就会改观了。于是，她开始跟周围的人交朋友，研究当地土著人做的陶器和纺织品。她欣赏仙人掌的形态，学习土拨鼠的知识，赞叹沙漠的日落，还在沙子中寻找贝壳——300万年前，那片沙漠竟然是海床，有谁能像她一样发现这样的神奇之处？劳拉不再抱怨生活，也不再感到巨大的压力，随后她把自己的经历写成《光明的堡垒》一书，风靡一时。

压力通常源自恐惧，不管你处于怎样的窘境之中，只要你把内心的感觉由恐惧改成奋起，就能把大部分压力改变为对你有帮助的动力。

1929年，班·符特生在一次交通意外中受了重伤，脊椎被撞，双腿麻痹，丧失了行走能力，那一年他才24岁。很长时间里，他都生活在愤恨和难过当中。他无比怀念从前的生活，想到以后，则是充满了恐惧和羞愧。自己堂堂七尺男儿，难道要靠别人的照顾过完后半生吗？

终于，符特生想通了，他决定停止抱怨，努力改变自己的生活，绝对不允许自己变成一个等待别人伺候的累赘。他开始看

书，对好的文学作品产生了兴趣。在14年里，他至少读了1400多本书，这些书为他带来崭新的世界，使他的生活比他以前所想到的更为丰富。他聆听很多好音乐，以前让他觉得烦闷的交响曲，现在都能使他非常感动。更重要的是，在积累知识的同时，他也有了更深刻的思想认识，形成了自己的人生观和价值观，找到了奋斗的方向。他对政治产生了浓厚的兴趣，开始关注公共问题，并坐着轮椅去发表演说，由此认识了很多人，很多人也由此认识了他。多年后，他成了佐治亚州政府的秘书长。

波里索在《12个以人力胜天的人》中说："生命中最重要的一件事就是不要把你的收入拿来算作资本，任何一个傻子都会这样做，真正重要的是要从你的损失里获利。这需要有才智才行，而这一点也正是一个聪明人和一个傻子之间的区别。"

成功锦囊

不管是经济上的困难，还是身体带来的不便，不论是出身贫贱，还是飞来横祸，这些都不会使你"低人一等"，你有追求幸福的权利，有追求成功的权利。你所要做的，就是把压在心头的那块大石头搬开，让心灵自由呼吸，勇敢搏击，创造出"看似不可能"的奇迹。

心有压力，说明你很优秀

老话说："没有人会踢一条死狗。"有人给你施加压力，正好说明你是大有潜力的。那些混日子的人当然没压力，却永远享受不到征服压力之后的喜悦。

压力往往来自两个方面，一是外界，一是自己。领导的要求、同事的竞争、客户的挑剔都可能给你带来压力，而你自己追求卓越、不甘落后的上进心也是一种压力。不管你正在面临的是哪一种，你都要认识到积极的一面，这说明你是一个受到重视，同时又很有想法的人。认识到这一点，我们就应该养成跟压力和平相处的习惯。

魏杰毕业于某知名高校新闻系，当年他高考的分数非常高，在同学中间很有"面子"。那会儿，他并没有多少压力。可是，进入大学之后，随着课外活动的增多，魏杰发现自己并不是"最优秀"的，有些成绩不如他的同学，能够很好地处理人际关系，甚至成为学生会的骨干，自己却只是学生会里的一名普通的干

事。为此，他开始反省自己，加强自己在人际交往方面的锻炼。他还主动到一家晚报当实习记者，不要工资，甚至可以不要稿费，就是为了锻炼自己采访、写稿的能力。

大学毕业的时候，魏杰从众多竞争者中脱颖而出，成为一名令人羡慕的晚报记者。同学们都羡慕不已，师弟师妹们也纷纷向他取经。魏杰说："没有什么秘密，我只是喜欢跟自己较劲，看到自己哪里做得不好，就一定要赶上去！""那你不觉得压力大吗？不累吗？"师弟问。

"当然累，压力最大的时候，我整夜整夜失眠。但是，我挺过来了，我就是要把自己逼到极限。"魏杰骄傲地说。

有句话说："不逼自己一把，你不会知道自己多优秀。"其实，这话应该还有一个"前奏"，那就是：有勇气逼自己拼一把，就已经很优秀。

台湾影视圈很有名气的导演牟华琪执导过很多知名的MTV，也是较早将作品推广到大陆市场的台湾导演之一。很多人都以为她的成功是靠家里资助的，其实，她的事业版图就从区区10美元开始。

算起来，牟华琪算得上是根正苗红的"富二代"，她父亲在台湾有庞大的企业，随便给她安排或者推荐一下，她都可以顺顺利利走上工作岗位。但是，她拒绝了父亲的帮助，一定要去美国闯荡。在美国安顿好之后，她身上只剩下十几美元。她花了几美元买了一堆方便面，晚上就睡在跟朋友借来的汽车里。她盘算着，无论如何不能伸手向家里要钱，如果实在找不到工作，就做街头流浪者。

眼看就“弹尽粮绝”时，她得到了一份餐厅服务员的工作。虽然这只是个蓝领工作，跟她梦想的编导事业风马牛不相及，但是她解决了吃饭问题，能够自己养活自己，不要家里的一分钱，她就已经非常高兴了。多年之后，牟华琪已经成为好莱坞著名的视觉科幻导演，却依旧牢记那位餐厅老板对她说的话：“年轻人，我喜欢你这个握手，是它让我感觉到你求职的诚意和勇气，所以我决定给你机会。”

如果你渴望成功，却又抱怨没有机会，不妨记住牟华琪这个故事。一个泡在蜜罐里的富家小姐都有勇气改变现状，追求自己的梦想，你能否这样挑战自己，超越自己呢?

成功锦囊

如果严厉的上司让你觉得压力很大，要对自己说：“他是在培养我。”如果能力很强的同事让你觉得压力很大，要对自己说：“我要赶超他。”人的能力就是在这样一次又一次抗压中增强的。

列出压力源头，一一审视

不断对自己说“压力好大”，你就会受到心理暗示的影响，越发觉得自己的压力大，久而久之就被压力压垮了。一定要确切地知道自己的压力有哪些，并且在战略上藐视它们。

“对待敌人，要在战略上藐视，在战术上重视。”这一条用在压力上面也同样适用。如果压力是敌人，不妨采取这个对策。你要不断对自己说：“我不怕压力，我能打败压力！”然后，用一些实用的策略，打败压力。比较有效的一条就是列举法，我们看一个实际的例子。

张峰是报社记者，需要经常出差。有一件事让他特别无奈，就是他必须跟着真新闻走。记者哪儿有时间表啊，事件随时都有可能发生，他得随叫随到。刚参加工作那会儿年轻，有激情，有体力，有野心，也特别喜欢报道这种现场感强的新闻。可是，随着年纪增加，体力和心理都不如从前了，他觉得压力很大。看着那些刚刚毕业的大学生一个个生龙活虎，他很害怕自己一不小心就被淘汰掉。

有一天，张峰在一个朋友那里看到一种减压的方法，自己就试了一下。他找到一张纸和一支笔，一条一条在纸上列出自己面临的压力。比如，20年的房子贷款没付完，工资涨不上去，体力跟不上，身体长期处于亚健康状态，写不出影响力大的新闻，后来的年轻人比他有激情，提携自己的老领导很快要退休了……诸如此类的压力、困难他在纸上列了长长的一串。

然后，张峰看着这些压力，一个一个在“想象中”解决：房子贷款可以慢慢还。工资虽然不高，起码稳定，争取多拿一点广告提成和稿费收入。尽量减少熬夜、喝酒、抽烟这些不良习惯，保证优质睡眠。多方寻找新闻线索，争取写出更有深度的稿子。老领导退休了，要跟新任领导搞好关系……

深度思考之后，张峰发现，这些问题都不是什么致命的压力，自己竟然完全可以应对。

其实，大多数人面临的状况跟张峰一样。脑子里一团乱麻的时候，觉得整个世界都是灰暗的，人生看不到一丁点希望，从而失去生活的勇气和激情，就此堕落下去。但是，换个角度看，那些压力并非是什么致命的东西。

为自己安排一个安静的时间，还要一个独处的环境，整理思绪，把那些压力一条一条都写下来。不要在电脑上面打字，因为我们大多数人都是面对电脑工作的，你在电脑上打字的同时，就会有一种心理暗示：有压力。所以，尽量放松心情，用最原始的纸笔记录一下心里那些压力。

很多时候，压力是一种恐惧，担心自己解决不了当下的问题，担心以后的路要怎么走。书写的过程，就是一个倾诉的过程。可能你不好意思跟朋友说出自己内心的恐惧，但是可以随心所欲在纸上写。写的过程就是放松的过程，当你逐条列出之后，再一一审视它们，找出那个相对容易解决的，把它从纸上划掉，再“解决”第二容易的……以此类推，你会发现，所有的麻烦都是可以解决的。

成功锦囊

一团乱麻往往让人无从下手，所以，当你觉得压力巨大的时候，再忙再累也要抽时间整理思绪，把面临的压力逐条理出来。在这个过程中，你的心绪会逐渐平静下来，头脑会更灵光，解决问题的能力也会增强。

先小后大，把压力依次解决掉

目标要从小到大实现，钱要从小到大赚，压力也需要从小到大依次解决。当你面对无数压力的时候，先攻克眼前的、容易的，其他的慢慢都会“不成问题”。

想买房买车，没钱；想娶媳妇，没钱；想生孩子，没钱；想跳槽，不敢；要求加薪，被拒。活着怎么这么累呀！这是大多数人都有的牢骚。生，容易；活，容易；生活，不容易。但凡对生活有点儿追求的人，都会被压力折磨。

社会竞争这么激烈，人的欲望又那么多，压力就在所难免。当压力一股脑朝我们袭来的时候，抱怨不是办法，逃避不是办法，只有鼓足勇气逐一攻克它们，才能体味到成功的喜悦，才能打败压力这个强劲的敌人。

刘铮刚刚开始闯荡北京的时候，兜里只有800块钱，连租一间像样的房子都困难。那时候，他想都不敢想买房买车这些事情。他跟一个老乡合租了一间地下室，每个月200块钱，后来为了

节约，又招来一个合租者。白天，他在电脑城里的一家商铺卖硬件；晚上则回到简陋阴暗的地下室，想发财致富的方法。老家的父母常劝他回家，虽然家里不是很富有，但毕竟是自己的地盘，可以活得轻松一些。但是刘铮觉得，必须趁着年轻闯一闯。

当时刘铮每个月的工资不过1500元，想多挣，就得多拉业务，卖得越多，挣的提成就越多。于是，刘铮给自己定下目标，一年之内做到“业务第一名”。大房子，好车，他都不去想，他对自己说：“刘铮，你只要做到这个小店里的第一名就行，加油！”店里只有五名业务员，做到第一名，不算太难，也不是很容易。刘铮吃过各种苦头，受过很多挫折，但是他咬紧牙关，坚守这个目标。期间，不断有各种消息传来，某同学在老家买别墅了，某同学娶大学里的校花了，某同学出国镀金了，某同学……而刘铮自己呢，住的是地下室，坐的是公交车，孤家寡人一个，存款也寥寥无几……四面八方都是压力，刘铮偶尔觉得，自己快撑不住了。但是每次咬咬牙，也都过去了。

终于，一年之后，刘铮成了店里最好的业务员，一个月收入可以上万，存折上也有了些积蓄。在联系业务的过程中，他逐渐摸索出开店的门道，也找到了比较成熟的销售渠道，便毅然拿出所有积蓄，辞职出去自己开店。

单干之后的压力可想而知，他一个人既当老板又当业务员，当会计也当搬运工。压力越来越大，刘铮却摸索出了对抗压力的好方法。他把各种压力都排成队，分好类，供应商的，客户的，家里的，资金方面的，人际方面的……紧急而重大的问题，自然要先解决；无关痛痒的，丢着不管。不知不觉间，刘铮的生意越做越好，面对各种压力的态度也更加坦然了。现在的刘铮，已经在北京买了属于自己的好车、好房，他从不说自己是成功人士，脸上却总挂着自信满满的笑容。

很多年轻人都跟刘铮一样，白手起家，无依无靠，凭自己一双手到外地打拼，压力可想而知。特别是年纪一天比一天大，“成长的烦恼”如影随形，说没有压力，肯定是不负责任的。我们应该学刘铮，分清主要问题和次要问题，搞清楚主要矛盾和次要矛盾。压力再多再大，也总有轻重缓急之分。我们分别用力，区别对待，不要让自己面临一整座大山，而是把它看成一个个小山丘逐个征服，这就轻松多了。

成功锦囊

考试的时候，我们往往也会跳过复杂的题目，先挑简单的题目完成，最后再做那些复杂的。面对压力也是这样，先把简单的问题解决掉，或者，先把眼前最紧急最困扰你的事情解决掉，然后再顾及其他的。

底气十足，跟压力死磕到底

抗压，简单的一个词，实际做起来却要难得多。而且，很多压力不是你努力做一次就能打败的，它可能会反复出现在你的生活中，翻来覆去地折磨你。这就需要你拿出“死磕到底”的精神，不取得胜利绝不罢休。

有没有过这样的经历，渴望做成一笔生意，不断跟客户谈判，人家就是不买账。或者，对方终于答应合作了，快签合同的时候又改变了主意。再或者，明明签好了合同，你觉得心里的一块石头落了地，渴望好好睡一觉，忽然发现合同里有一个巨大的陷阱和阴谋……事情总是不能像你预期的那样顺利，你睡着之后，还做着从高处跌落的噩梦——压力无处不在。

压力，不是说赶走就赶走，不是说消除就能消除的。现实中，更多情况是，压力去了又来，走了旧的又来新的，跟你纠缠不清，理也理不顺。这就需要你拿出韧性，跟压力顽抗到底。

27岁的小高是某报的记者，入行3年，他还没有什么引人注意的作品见报，但是他不死心，总是不知疲倦地去试图挖掘那些有震撼力的新闻题材。

为了事业的成功，小高连恋爱都不去谈。他总是不断地给自己施加压力，比如，每天要强迫自己有一条焦点新闻见报。为了这条焦点新闻，他每日绞尽脑汁，为之四处奔波、三餐不定、睡眠不安。而他的努力和辛苦也都没有白费，那段时间他的新闻稿不仅见报率高，而且反响也很大，可谓领导赏识、同事羡慕、社会关注。

正当小高有一点点满足感的时候，一个同年入行的同事挖到一条重要新闻线索，一下子成了报社的焦点人物，风头很快压过小高。小高的压力迅速增大，暗自发誓一定要“夺”回属于自己的阵地。他比以前更加“发狠”地工作、采访、写稿。很快，他的新闻稿受关注的热度又迅速升了上去，夺回了昔日的风光。

然而，危机再一次降临到了小高头上，又有一位风华正茂的同事夺走了他的关注度，而且是女记者。小高为此又开始变得沮丧、不安、无奈、疲倦起来，也让他觉得越来越难以控制自己的情绪。对于未来的成功之路，他开始感到迷茫和不知所措。

绝望之中，他想到了放弃。他抱怨过自己的无能，也恨过自己没有毅力，他甚至想好好休息休息，什么事情也不干。但是一想到过去所付出的所有辛劳，想到自己离成功还那么遥远，他就开始浑身战栗，因此只能自己想办法振作精神、调整好状态继续奋斗。

终于，皇天不负苦心人，在成功报道了一条重大新闻后，小

高一下子就成了领导眼中的“红人儿”，也开始为大家所倚重。最后他不仅升了职，还成了一档特别栏目的负责人。

大多数人都像小高这样，没有所谓的背景和后台，也不懂得找靠山拉关系，只能自己默默地奋斗、努力。这样的成功路必定压力倍增。而且，你很可能被那些不如你用功的人“打败”，从而让你更加愤怒，心理负担更沉重。可是，这才是考验你抗压能力的关键时刻。

一次打败压力不算能人，几次打败压力也不算能人，能够一次又一次打败压力，绝对不向压力屈服的人，才能最后品尝胜利的美妙滋味。所以，当你觉得压力太大不堪重负时，要问问自己，还能再坚持一下吗？

成功锦囊

跟压力对抗，就像冲浪，浪头一次又一次打过来，一次又一次战胜它，这就是冲浪的趣味性所在。如果你渴望成功，就要有冲浪者的激情和信心，不管未知的海域多么广大，不管下一个浪头多么高大，你都要信心十足，迎接它的挑战。

行动起来，用实干对抗压力

不怕你有压力，就怕你无所作为。如果你什么都不做，只是想着“我有压力”，就会被压力日渐拖垮。相反，你行动起来，动手做事，压力就会不知不觉减轻。

不止一个人说过，工作可以帮人减轻压力。也许你会说：“我的压力都是源自工作任务太重啊！”你在抱怨，说明你并没有全身心投入到工作当中。你的脑子就像一部空车，车斗里载满了“我有压力”这个想法，却没有想“如何做事”。当你停止抱怨，动手做事，你所担心的事可能就迎刃而解，压力也就不攻自破了。

纽约有位成功的企业家，名叫屈伯尔·郎曼，在他成为“大老板”之前，他在皇冠水果制品公司担任财务经理。但有一段时期，他几乎被压力压垮了。有一件事，是他用行动对抗压力的开始。

某次，公司投资50万美元，把草莓放进4.5升装的罐子里。此

前的20年里，公司一直都是把这样的罐装草莓卖给冰激凌厂商，然而，在那段时间，公司的销量大跌。那些大的冰激凌制造商大幅度地增加了产量，为了节省开支、降低成本，他们开始引进162升一桶的大桶装草莓。

郎曼公司的那些4.5升装草莓失去了销路，50万美元的投资打了水漂，更可怕的是，根据合同规定，之后的一年之内，公司还必须继续向草莓供应方购买价值100万美元的草莓。当时，郎曼所在的公司已经向银行贷了35万美元的款。他们无法还清贷款，也无法筹集到需要的后续资金，身为财务经理的郎曼一筹莫展，患上了焦虑、失眠的毛病，不得不休病假在家疗养。可是，越是休假，他的失眠就越厉害，因为满脑子都是公司的债务。

最后他干脆停止休假，回公司上班。他几次斡旋，找到草莓的供应商，跟他们协商把以后的4.5升的罐装草莓都变成162升装的。对于已经生产出的4.5升装草莓，他积极联系买家，终于在旧金山的市场上出手，把公司的损失降到了最低。

随着问题逐步解决，郎曼的焦虑症也不治自愈了。经过这次考验，他觉得自己抵抗风险的能力大幅提高，以后再遇到相同的状况时也必然能从容应对。

萧伯纳说："让人愁苦的秘诀就是，有空闲时间来想想自己到底快活不快活。"因此，不必去考虑压力的事。让自己忙碌起来，你的血液就会开始循环，你的思想就会开始变得敏锐。让自己一直忙着，这是世界上最好的减压方法。

多年以前，一个年轻人在一家工厂做着无聊的工作。他觉得整天站在车床边上加工螺丝钉非常乏味。他很想辞职，可又怕找不到工作。工资很低，房租很贵，前途迷茫，他觉得活得很压抑，压力特别大。

某天，他在书上看到了几句话，意思大概是说，某些事，如果你不得不做，不妨尽量把它做好，做得有意思。这个年轻人得到了启示，于是，试着把自己枯燥的工作做得有趣味一些。他和旁边的一个工人展开了产量竞赛。结果，他们的领班对他的生产速度和质量深为赞赏，不久就将他提升到一个高一级的职位。当然，这只是一连串升迁的开始。最后，这位工人——山姆·瓦克南成了包尔温机车制造公司的董事长。

如果山姆·瓦克南一味沉浸在“我有压力”的阴影里，也许一辈子只是一名工人。幸好，他把抱怨变成了实干，用行动代替胡思乱想，压力自动就跑得无影无踪。

成功锦囊

耐克的口号说：“Just do it！”尽管去做吧，行动起来，哪有那么多抱怨、委屈和怎么办。人都是在水中学会游泳的，对抗压力的方法，当然只有在做事的过程中才能找到。

Part 03

完美修身：协调自我，发扬美德

美好的身心拥有无与伦比的魅力。

每个人都需要不断地修养身心和磨炼意志，

从而让自己不断净化，

达到完美的境界！

03

管好自己，卓越源自纪律

成功人士通常都有超强的自我管理能力，他们会为自己列出清晰的日程表，按部就班执行下去。纪律对于他们来说，就是成功的保障。

卓越的成绩皆源自纪律。如今时代变革飞快，从风云变幻的国际形势，到千军万马的就业大军；从城市建设的红红火火，到各大开发区的机器轰鸣。在市场最前沿的企业中，更是处处都能体现出变化：市场竞争的加剧，多变的宏观环境，80后、90后员工的大量进入，管理制度的不断完善……这些都在向我们昭示，一个“多变”时代的到来。

在多变的环境里，如何保证自己稳步向前迈进呢？很重要的一个习惯是：自持自律。管得住自己，该做什么做什么，“大风吹倒梧桐树，自有旁人论短长”，你严格遵守自己做事的纪律和准则，就能成功。

“革命军人个个要牢记，三大纪律八项要注意……”这首歌的名字就叫《三大纪律八项注意》，不但在解放军中广为传唱，

还曾经在中国的老百姓中间广泛流传。三大纪律是：一切行动听指挥，不拿群众一针一线，一切缴获要归公。八项注意是：说话和气，买卖公平，借东西要还，损坏东西要赔，不打人骂人，不损坏庄稼，不调戏妇女，不虐待俘虏。

不要小看了这简单朴实的11个要求，它言简意赅，却饱含了丰富而深刻的思想内容，具有无比强大的凝聚力和鞭策力。在它的感召下，解放军从几个人、一面旗、几条枪的自发性组织发展壮大成席卷中华大地的“红色浪潮”。在近80年的历史中，解放军和世界上许多堪称强大的军队作战，从无畏惧，从无退缩，充分体现了“一切行动听指挥”的高度执行力和战斗力。

“三大纪律八项注意”是解放军攻无不克、战无不胜的重要保证。它对于加强军队建设，密切军民关系，增强官兵团结，夺取革命战争的胜利，起到了重大的作用。解放军官兵来自人民，从人民那里得到“小米”和“步枪”，又通过“三大纪律八项注意”把这份恩情回馈给人民，从而获得了全国人民的真诚拥护和欢迎。

组织能够以“纪律”取胜，个人依旧能够通过纪律成功。事实上，很多成功人士都是行伍出身。在中国，军人出身的企业家为数不少，这个长长的名单上，包括柳传志、张瑞敏、王石、任正非、宁高宁、孙广信……他们在“铁打”的营盘里锤炼，经受过艰苦的训练，懂得纪律的重要性，并且在从商之后一直把纪律作为自我管理、企业管理的重头戏。

联想董事局主席柳传志就是从制定“小”纪律开始带领联想向国际化品牌迈进的。按照柳传志自己的说法：由于是知识分子办企业，最初大家没有时间观念，开会经常迟到早退。为此，他规定：谁迟到，谁罚站，无一人例外。第一个被罚站的人，是柳传志的一个老领导，他撞到了枪口。后来柳传志回忆说：“我说，完了我到你家给你站1分钟！他站了一身汗，我坐着也一身汗。当时的确很尴尬，但是制度必须严格执行。”

柳传志自己也被罚过3次。有一次，柳传志被关在电梯里面，那时没有手机，叫天不应，只好认罚。柳传志说：“罚站是件挺严肃、挺尴尬的事情，开小会的时候，你得独自站着。更大的会场，你迟到了，会都停开，全体人员静默，都看着你站1分钟。”

罚站，在中国目前这种环境下，谁也不会把这种话信以为真。但柳传志却严格执行了，这变成了联想的一种风格，也是联想成功的基础。正因如此，如今的联想已经在全球60多个国家和地区设有分支机构，业务范围遍及160多个国家和地区。

回忆你是怎样度过小学中学课堂的，有上下课铃声，有老师的教鞭。虽然步入社会之后不再有这样的纪律约束，我们却要给自己多列一些类似的纪律。因为，一切卓越都源于纪律，人没有“规矩”，很容易“大乱”。

心无杂念，专注眼前的事

专注的人不一定能成功，但是成功的人势必专注。专注是自律的重要部分，它要求你心无旁骛盯住目标，不被任何诱惑干扰心智，直至目标达成。

一个专注的人往往能够把自己的时间、精力和智慧凝聚到所要做的事情上，从而最大限度地发挥积极性、主动性和创造性，努力实现自己的目标。

巴菲特把自己的成功归结为“专注”。有人如此评价巴菲特：“他除了关注商业活动外，几乎对其他一切如艺术、文学、科学、旅行、建筑等全都充耳不闻，因此他能够专心致志追寻自己的激情。”

对财富的专注使巴菲特从小就与众不同。其他孩子身边总有各式各样新奇的玩具，他的“玩具”只有一个——自动换币器。10岁时，父亲要带巴菲特外出旅行，征求他的意见。他提出：要去纽约证券交易所。不久之后，巴菲特读到了一本名为《赚1000

美元的1000招》的书，让他对财富的渴望更加强烈，他对朋友说要在35岁前成为百万富翁。当时正处于1941年的世界经济大萧条中，一个孩子敢说出这样的话，真可谓语出惊人，又有点儿“不知好歹”。但是，少年巴菲特坚持这个理想。后来的事实证明，巴菲特除了“挣钱”这件事什么都不想!

某次，在一位友人的撮合下，巴菲特到比尔·盖茨家做客。巴菲特比盖茨年长25岁，他对IT人士并不感兴趣，但是大家见了面还是找到了很多共同话题，当然是公司赢利及几个大的IT企业竞争合作等。在饭桌上，盖茨的父亲问了大家一个问题：人一生中最重要的是什么？令人惊奇的是，盖茨、巴菲特及约见他们两人的那位朋友异口同声地说：“专注。”

不管是做职业经理人，还是自己创业，最终成功的人都具备一种特质：专注。这正是很多人说得到却做不到的。成功者正是做到了这个看似简单，实际不容易做到的“专注”，才成就了事业。反过来，不够专注、心猿意马、旁门左道的人，往往会与成功失之交臂。

巴里特曾在某知名企业做一线销售员，他兢兢业业，任劳任怨，在业务上做出了出色的成绩，也一步步赢得了老板的信赖。不久，巴里特被提拔为销售部经理，工资一下子翻了两倍，还有了自己的专用汽车。升职后的一段时间里，巴里特还是像以前一样专注于业务，坚持把业绩做到最好。但是，没过多久，开始有一些“坏声音”传进他的耳朵：“你怎么这么傻啊？”“你现在已经是经理了，再说，老板并不会检查你所做的每一件事情，你

做得再好，他也不知道啊！”

在多次听到别人说他“傻”后，巴里特觉得，自己确实应该变“聪明”些。他开始投机取巧，学着察言观色和想方设法迎合老板。他不再把心思放在销售业绩上，而是放在揣摩老板的意图上。如果他认为某件事情老板要过问，他就会用心将它做好；如果他认为某件事情老板不会多管，他就草草地去做，甚至根本就不做。

久而久之，老板发现以前那个专注而勤勉的巴里特不见了，于是选拔了另外一个年轻的、专注的新人上来，顶替了巴里特的位置。

现实生活中，很多人智商都很高，但在社会上打拼多年仍然碌碌无为，就是因为不够专注。每天想东想西，主意一天一变。即使是在做某项具体的工作，也总是变来变去不得要领，往往要花几倍的精力、几倍的时间去做事，无形当中就增加了做事的成本。没有成本观念的人，是无法成功的。

成功锦囊

在世事喧嚣、红尘滚滚中静下心来，专注于你的工作，专注于你的公司，不受其他欲望、诱惑的摆布，是一件非常艰难的事，这意味着有可能放弃很多机会，意味着遭遇困难不能退缩。

心有章法，按照流程去做事

流程的设计就是为了提高工作效率，降低管理成本。所以，遵守流程的人是聪明的，能够提高自己的办事效率。成功人士都习惯照章办事。

流程管理在今天已经不是一个新鲜的话题，大型企业也好，小型公司也罢，做事都需要有章法、有流程，才便于管理，可以多方面节约时间和金钱。

这个道理同样可以运用到个人管理上。不管你是在公司为老板做事，还是自己创业为自己打工，做事都需要心有章法，按流程走，有节奏，有步骤。也许你不能掌控事件发生的所有环节，但是你要确保自己的这个环节做得非常完美。

李莉已经是销售行业的精英，但是她永远忘不了自己刚刚进入销售行业时上的那一“课”。那年她刚刚大学毕业，经历了一系列投简历、面试的筛选，终于被聘到一家销售厨房用具的公司做业务，试用期一个月。试用期内没有底薪，工资按销售额的20%提成。

公司规定，一套厨房用具的定价是2800元，如有大宗订单，向

公司申请之后，可以酌情打折。按道理，这在收入较高的大都市并不是一个大数目，但因为市民对推销的反感及对推销员的不信任，连续一个星期奔波下来，李莉竟没有签到一份订单。与李莉同时进公司的19位同事中，有两个顶不住，主动辞职了。另外两个同事则偷偷搞起了降价销售，最低时卖到2300元，一套只能拿60元提成。

李莉说："这是违反规定的呀，降价需要向公司申请才行。"那两个同事则说："先斩后奏嘛，没什么大不了的，很多老销售员都这么干。要是我们一单生意都做不来，熬不过试用期，就要走人啦。"

2300元的价格确实显示出了竞争优势，更何况厨具质量确实不错，同事的订单果然陆续而至。于是，其他同事争相仿效，一时间价格混乱一片。有好几次李莉说服了客户，最终却因为价格原因而不能成交。客户反问她："人家有卖2300元的，你为什么偏偏说2800元？你是不是就想多拿点儿提成？"这样的责问让李莉无法回答，有口难言。

试用期满后，大家再一次聚在会议厅里，李莉是最心虚的，因为她只有两份订单，而其他同事，少则10份，多则30份。李莉十分沮丧，知道自己肯定要被淘汰了。

没料想，总经理说："李莉，你被录取了。虽然你只有两份订单，但是，你的两份订单都是按公司定价签下的，严格执行了公司的办事流程。公司早有规定，不得私自抬价、降价，我希望我的员工能认真执行公司的规定，按照正规流程做事。"

对于一个职场打工者来说，需要按照组织规定的流程做事，这样才是组织最欢迎的人才。对于一个创业者或者管理者来说，更需要懂得流程的重要性，并身体力行。因为流程可以帮你解决很多常规性的事务，让你的企业更稳定，你就能从琐碎繁杂的事务中脱身，做更重要的战略性事务。

张总是某民营公司创始人，他带两个兄弟闯天下，自己不仅是老板，也是业务员，更是会计，身兼数职。终于，经过几年的打拼，公司有了20多人，初具规模，利润上升，可是问题也接踵而至。不断有人追着张总要签字、做请示，张总觉得自己这个老板当得越来越“低等”，更像是一个打杂的。

向学管理的朋友问了一下，张总才搞明白，自己缺乏流程方面的管理技巧，无论是财务上的、人事上的，还是业务上的，公司都没有一个系统的流程。20多人的公司不算小了，没有流程，就像一盘散沙，张总一手根本抓不过来。在朋友的帮助下，张总对财务、人事、业务三个主要方面做了规范管理，制订了流程。

人事任免和财务收支等都有相应的人管理，按照流程到张总那里申报，张总只负责签字就可以了。这样一来，张总觉得自己的工作效率大大提高了，更利于专注策略运营方面的思考。

流程存在于企业所有的工作之中，会计要按照一定的流程才能算出工资表、损益表，人力资源部也要依据一定的流程才能管理员工福利、招募新员工。此外，随着企业竞争环境的日益复杂，对快速反应的要求越来越高，跨部门流程也变得越来越重要，比如，新产品开发流程几乎涉及企业的所有职能部门。按流程做事，实际上是现代企业的一个游戏规则。人们在工作中，往往会按照自己的方式行事。一件事情，如果不加任何限制，让1000个人分别做，几乎每个人都有自己的一套做法。这些方式各异的做事方法，大大增加了系统的不稳定性。很多重大事故的发生，其实都是操作者忽视了常规步骤所致。

大到企业管理，小到个人自律，流程和章法都扮演着重要角色。它既是纪律的体现，更是节约成本的法宝。

成功锦囊

认认真真走流程，不弄虚作假，不歪门邪道，不投机取巧。如果能够长期这样要求自己，就能在众多竞争者中胜出。

收敛情绪，不让心情干扰事情

成功人士往往懂得如何控制自己的情绪，特别是负面的情绪。闹情绪最容易影响工作效率，如果我们找到恰当的方法让负面情绪迅速发泄出去，就能让自己尽快恢复好的工作状态。

奋斗这条路，从来不平坦。不管你选择职场青云路，还是创业独木桥，追求成功的路都是崎岖颠簸的。所以，你会抱怨，会生气，会发狂……你甚至可能做出超出想象的发狂举动。没办法，谁让那些抓狂的事太多了：手头工作多到让人绝望，三更半夜还手脚冰冷地加班，一大早在办公室神情恍惚，挂着两个熊猫一般的黑眼圈，咕咚咕咚喝下几大杯黑咖啡还不起作用……负面情绪就像一个幽灵，你想躲开，未必躲得掉。

在负面情绪的干扰下，工作效率往往会大打折扣。即便你在路边卖麻辣烫，都可能因为脸色难看而吓跑几个食客!

那么，我们要怎样控制坏情绪？憋在心里当然不是好办法，最合理的解决方式就是先把手头工作放一放，就算火烧眉

毛也要先放一放，做个深呼吸，让自己平静下来。分析一下，这种局面是谁造成的？究竟是自己做事的方法欠妥，还是跟其他同事的配合出了问题？上次遇到类似的情况是怎么化解的？如果有关系比较近的同事，跟他讲一讲自己的困难，诚恳地请求帮助。这一点是非常有用的，因为人性就是"好为人师"，有人向他征求意见，他会知无不言、言无不尽的。转移了注意力，你就会逐渐摆脱不良情绪。经历了内心的折磨，内心开始变得坚强。

林洁在某通讯公司做客户服务部经理，用大白话说，这就是一份以"被摧残"为主要内容的倒霉工作。每个客户打电话来，无一不是倒苦水、发怨气，林洁都得一一赔笑脸，摆出一副愿意倾听的样子。手下有300多名员工，她还要负责他们的喜怒哀乐和工作质量。林洁的工作简直就是负面情绪集中营。她经常在上海、北京两地来回跑，体力上的劳累更容易使她心情抑郁，疲惫不堪。

但是，多年的职场锻炼让林洁养成了一套有效的情绪掌控术。在心情不好影响工作的时候，她就主动找上级领导沟通，或者找职位相当、压力相似的同人通通气，让别人帮忙开导。人就是这样，自己认为特别大的坎儿，因为当局者迷，会迈步过去，但是旁人稍加指点就"通"了。这样林洁就可以带着愉快的心情回到工作岗位上，效率倍增。

情绪不是电脑硬盘，可以随便格式化；情绪是无形的，没有谁可以真的做到收放自如。我们可以借鉴很多方式来收敛、疏导情绪。比较常见的方式是做运动，像我们在健身场所里做的瑜伽、深呼吸、冥想、静坐等，这些可以通过调整身体状态进而调整内心。

如果不做运动，也可以用转移注意力的方式。你可以暂时从工作中解脱出来，做喜欢的事情。哪怕有半小时的时间，看两眼闲书，玩一会儿游戏，都可以改善你的情绪。

成功锦囊

自古成大事者都能做到“喜怒不形于色”，也就是说不受情绪的干扰。这种境界不是能一步到位的，我们需要刻意锻炼自己控制情绪的能力，尽量减少负面情绪对工作状态的影响。

节奏紧凑，自由不等于懒散

成功人士都有“往前赶”的习惯，如果工作时间底线是周五傍晚，他至少要在周五中午之前把事情做好，留出充裕的增补完善时间。

很多成功人士是属于“创作型”的，比如作家、画家或翻译。他们都有共同的时髦的名字：自由职业者。有些年轻人非常羡慕自由职业者，就是因为他们“自由”。

其实，自由职业者往往是最不“自由”的人，最浅显的道理是，他们没有工作，如果什么都不做，就没有收入。上班族要受到公司与单位的一些规定的束缚与拘束，自由职业则不同；上班族总有公司与单位的一些固定薪酬与福利，自由职业则没有。所以，如果你渴望在“自由职业”这个王国里成功，就必须比其他上班族更勤奋、更紧锣密鼓。你要有异于一般人的自我纪律与要求。最基本的，你一定要要求自己在没有任何人要求你的状况下，每天持续工作8小时，没有松懈，自得其乐。

从1980年起就轰动华人世界的蔡志忠，是自由职业里的一个代表。漫画创作是他童年时就定好的人生志向。初中没毕业，他就只身从乡下到台北当起漫画家。几十年来他一直都在当自由职业者（除了中间一度开过卡通公司）。

蔡志忠每天都保持16小时以上的工作量。他画了7年漫画，累积的工作稿量有1000册笔记本之多。一年平均130册，一个月平均10册以上。这就是自由职业的工作纪律。

这个世界上，没有绝对的自由，只有牢笼的大小。在“成功”这件事上，更是如此。没有人能够随随便便成功。我们很容易就算清楚一笔账，一个人挣多少财富，跟他创造多少价值是相当的。有所劳，有所得。那些看似很“自由”的人，也许是因为他掌握着技术含量非常高而别人又做不了的工作，所以他可以不受体制的限制。如果你尚未达到那个境界，还在拼搏奋斗的阶段，就不要奢谈“自由”。

2000年前后开始红遍华人世界的几米，也是自由职业的一个代表。他以插画与成人绘本为工作，固定每天都朝九晚五一般地忙碌于自己的工作室里。

负责几米漫画出版事宜的出版人郝明义曾经回忆过，几米总是在约定时间之前给他稿件。作者写东西，或者画插图，进度落后、拖稿是常有的事。但是，几米的绘画进度永远超前于出版社。出版社从来不用担心他到期交不出稿件、延迟出版计划。几米的作品源源不断地从工作室流出，反倒是出版社担心跟不上他的节奏，要紧跟他的绘画速度安排出版流程。这也是自由职业者

的工作纪律。

从蔡志忠和几米来看，我们可以知道“自由职业”其实不“自由”，它可能比上班族的工作更加繁重，更加紧张。反过来，如果你是一个上班族，正在感叹自己“不自由”，是不是该反省一下自己，究竟是“不自由”，还是“自律不够”。

成功锦囊

不管打工还是创业，不管是守时坐班还是做自由职业，懒散的人总是与成功无缘的。成功需要你去打拼，你可以自由地选择在哪个行业打拼，但是你一旦进入那个行业，就“身不由己”了。

坚定信念，偏执狂才能把事办好

当身边的朋友都说你是疯子的时候，成功离你就不远了。

乔布斯早有言：“人这辈子没法做太多事情，所以每一件都要做到精彩绝伦。”“偏执”几乎成了乔布斯的“关键词”“索引标签”，人们找不到更贴切的词来形容他对工作细节的要求。他希望一切都在自己的掌控之下，认为对苹果了如指掌是他的本职。据说乔布斯亲自参与设计的苹果专利超过100项，其中就包括iPod用户界面，以及专卖店中炫目的玻璃台阶支架。

还有更加不可思议的。iPhone刚刚发布不久，乔布斯告诉他的一位商业伙伴，自己为了产品成功推出，在筹备发布会的最后40天里熬了20个通宵。乔布斯十分看重ipad，据说他曾经对朋友和同事表示过，iPad是他做过的“最重要的东西”。即使是在休病假期间，他都念念不忘iPad，否定了一个又一个设计方案，直到完全满意为止。

乔布斯不但自己偏执，他在招收员工的时候也会问很多刁钻

古怪的问题。他自己解释说："在面试过程中，我会多次故意让面试者感到心烦意乱，批评他们之前的工作。我想看看在面临压力的情况下他们会有什么表现。他们是否会屈服，他们是否对自己曾经做过的事情持有坚定的信念、信仰和自豪感。"

偏执是一种态度，一定要把事情办成。偏执是一种信念，一定要把事情做完美。偏执是一种自律的精神，不达目的誓不罢休。

有谁不知道皮尔·卡丹？连小品里的企业家都以身着皮尔·卡丹西装作为炫耀的资本，可见这位时装大师的影响力。那么，这样一位服装界的传奇人物是怎样成长起来的呢？简单说，他原本就是一个爱服装设计爱得偏执的小男孩。

皮尔·卡丹7岁时就给一个小布娃娃缝了漂亮的小衣服，从那时起，他就立志要做最好的服装设计师，毫不理会旁人不解的眼神。17岁时，皮尔·卡丹一个人骑着自行车去了巴黎。不幸的是，当时第二次世界大战已经拉开了序幕，巴黎战云密布，根本没有一个小裁缝施展拳脚的天地。但是，碰巧有位伯爵夫人看到皮尔·卡丹做的衣服，非常欣赏他的才华，还把他介绍给了巴黎著名的时装店经理。

后来，皮尔·卡丹先后到时装设计大师夏帕瑞丽、迪奥的店里工作，受益匪浅，终于成了举世闻名的服装设计巨匠。

在别人眼里，皮尔·卡丹是一个"工作狂"，一部永不停止运转的"永动器"，但他认为自己个性中的"当机立断、迅速决定"正是他成功的一项本钱。他说："我不喜欢浪费时间。"凡是接触过皮尔·卡丹的人都极容易发现，他做事总是快节拍，快速度，从不吞吞吐吐、优柔寡断，但又不会草率从事。深思熟虑与当机立断在他那颗特殊的大脑里是那么协调。皮尔·卡丹的一句名言是：“我这一生别无其他，只有工作，永远不停地工作。”

不光是男性成功者具有“偏执狂”“工作狂”的特性，女性成功者也会有这样的楷模。

被誉为“20世纪末影响中国美容美发首位人物”的郑明明，当年竟然是一个为了做自己喜欢的事业而“离家出走”的“猛女”。

上中学的时候，郑明明想去日本学美容美发，父亲为之勃然大怒，认为这样简直是在丢自己的脸。父亲专派郑明明的表舅去“监督”她的学习，无奈的是，郑明明早已萌动“叛逆之心”，竟然义无反顾地放弃了深造的机会，逃离表舅的“监督”，只身横渡东瀛，在日本著名的山野爱子学校学起了美容美发。为了在实践中学到更多东西，郑明明在课余时间到一家美发厅打工，成了一个“洗发妹”。郑明明一边细心观察每个师傅的技术、顾客喜欢的各种发型、店里的管理等，一边在心里设计和完善自己未来的美容美发店的蓝图。

虽然边上学、边打工的日子很紧张，但她却感到很充实。两年后，郑明明从日本山野爱子学校毕业，回到了香港，着手创业，开自己的美容美发店。那时候，父亲还是没有原谅她，她没有任何外援，全靠自己白手起家。郑明明给自己制订了一个严格的时间表：早上6点起床做准备工作，8点半开门，直到晚上7点半，每天工作11个小时。当时她的座右铭是："抓紧时间，就等于有了更多的时间。"她从不去日夜笙歌的娱乐场所，每天晚上打烊之后，还有雷打不动的"功课"：把白天顾客的姓名、特征、发型等资料建成一个个小档案，随时翻阅，以便下一次与顾客沟通。

郑明明就这样一步步走上自己的成功之路，跟前面讲的乔布斯、皮尔·卡丹一样，偏执、大胆、一意孤行，认准了一条路就要走到头儿。这样的一条路，肯定是艰辛的，被外人误解，被人说三道四。但是，只要你"偏执"到底，就能看到成功的曙光。

成功锦囊

偏执不是固执，而是找到了科学地实现梦想的道路，一直走下去。那是一种追求完美的精神，不管社会怎样浮躁、周围的人怎样"堕落"，你都要"偏执"下去，直到梦想成真。

雷厉风行，做事干脆利落

武侠片里高水准的大侠都是手起刀落，显示的是高手水平。商业社会的成功人士也有类似的特点，出手稳、准、狠，快刀斩乱麻，做事干脆利落。

当今时代，不仅信息服务发展快速，竞争非常激烈，客户行业发展也是非常快速的。以前做一个项目一年内做完就可以，现在已经不行了，现在客户要求实施的时间非常短。正因为如此，许多成功的企业在竞争策略上都把“快”作为要义之一。

企业反应不快，就会输给其他企业；个人反应不快，就会输给其他同事。如果你想在职场中胜出，自己要有过硬的本领，更要有灵活的头脑，随时应对突发问题。突发事件对组织最大的伤害就在于“快”，因为快，企业来不及反应，更来不及准备，因此不能有效应对，所以蒙受了巨大损失。谁能够帮老板把这种伤害降到最低，谁就是组织里的功臣。

IBM公司有一句名言：“不是强者生存，不是智者生存，而是

那些对变化作出快速反应的。”在市场上竞争激烈的环境中，快速反应是生存下去的必要条件。

想想看，1997年的亚洲金融危机、2001年的“9·11”事件、2003年的SARS、2008年的全球金融风暴……哪一步不是说来就来，说到就到？更别说地震、海啸、火灾等突发性灾害。它们给我们带来的打击是沉重的，反应越慢的人付出的代价越大。这是一个突发事件频发的时代，我们必须有足够快的反应能力来应对。生活中如此，商战中如此，职场中更是如此。

众所周知，电脑新上市的产品寿命周期不到半年，微软总裁比尔·盖茨也将自己的企业生命定位在永远剩下两年的极限，其目的就在强调高科技的风险性和产品变化的速度快到让人对未来没有把握。

惠普公司的资料表明，如果一项新产品从创意到商品化的过程是5年，期间若“研究与开发”延误半年，则利润会减少50%。主要原因是，科技产品竞争十分激烈，新产品上市后，市场竞争会使价格每年下跌30%至50%，有的产品甚至下跌70%。可见，快，才能占得先机，赢得主动，赚取更大的利润。

在现今一个以10倍速年年增长的知识经济环境里，企业也好，个人也罢，要立于不败之地，只能让自身向“快”的境界发展。面对瞬息万变的市场，面对强劲的对手，能否快速反应已成为决定成败乃至生死存亡的一个关键因素。殊不见网络上、人才市场中人山人海的待业大军，每个人都在虎视眈眈地盯着某个职位，如果你的行动不够快，反应不够快，很容易就被别人取而代之。

求快，不是盲目地行动，不是浮躁地冒进，更不能像没头苍蝇一样乱撞。快，也要有章法，有节奏，做到心中有数。

做事雷厉风行是一种不可多得的好品质，也是你成功的优势。但这是一种能力，需要长期的职场历练、生意场摔打才能练成。不要把“快”跟“急”混在一起。“欲速则不达”“心急吃不了热豆腐”，如果一味求快而忽略了质量，就得不偿失。

成功锦囊

“快”这种意识最重要，要有争分夺秒的观念，要时刻提醒自己跟时间赛跑。这样才能“逼”着自己把事情做得又快又好，不知不觉也就提高了自我管理的能力。

守口如瓶，不该说的绝不说

成功人士都习惯三缄其口，因为他们知道，说得多了容易被人断章取义或者蓄意曲解。只有守得住秘密的人，才可能听到更多秘密。

人都是有秘密和隐私的，但是秘密和隐私又不可能完全不被人知道，所以，就需要知道的人替他保密。这个能替他保密的人，就是他最信赖的人。

弄清楚人的这种心理特征之后，我们有必要做一下延伸和推导：能够守住秘密的人才能交到更多朋友，并由此获得成功的机会。

马克思住在巴黎的时候，与诗人海涅建立了深厚的革命友谊，二人之间达到了“只要半句就能互相了解”的默契程度。当时，海涅的思想进步又大胆，写下了许多激情四溢的战斗诗篇，这在当时的社会体制中是非常危险的。海涅非常放心地跟好友马克思分享自己的作品。他常常在夜晚到马克思家中朗诵自己的新作，而不必担心被“告密”。马克思甚至帮他加工、修改、润色。马克思从来不在别人面前“泄露天机”，直到海涅的诗作在报章上发表为止。

不管在什么时代，什么场所，忠诚守信总是朋友之间牢不可破的法则。只有相互忠诚、守口如瓶，才能让友谊地久天长。在此基础上两人结成联盟，为了某个目标奋斗，才可能走向成功。

生活中的朋友需要替对方保密，职场、生意场中的“朋友”更需要你保密。作为下属，你有义务为上级保密；作为员工，你有义务为自己的企业保密；作为生意人，你有义务为自己的客户保密。如果你能够恪守这个信条，就不会不成功。

克里丹·斯特是美国某电子公司的工程师，在业界小有名气。这家电子公司规模不大，在日益激烈的市场竞争中，时刻面临着来自规模较大的比利孚电子公司的威胁。身为公司的高级工程师，克里丹很清楚自己公司面临的艰难处境。

有一天，克里丹意外地接到了一份邀请，是比利孚电子公司的技术部经理约他共进晚餐。在饭桌上，这位部门经理径直对克里丹说：“只要你把公司里最新产品的数据资料给我，我会给你很好的回报。”

温和的克里丹觉得自己的人格受到了侮辱，严词拒绝：“不要再说了！虽然我的公司效益不好，但我不会做出落井下石的事情。我是一位工程师，绝对不会出卖我的良心做这种见不得人的事。我不会答应你的任何要求。”“好，好，好！”比利孚的经理非但没生气，反而面露欣喜之色。他颇为欣赏地拍拍克里丹的肩膀，说：“就当我什么都没说过。来，干杯！”

时隔不久，克里丹所在的公司破产了，克里丹成为失业人

员，开始四处找工作。他是高级工程师，这样的职位并不好找，只能迷茫又焦急地等待机会。就在克里丹一筹莫展的时候，他突然接到了比利孚电子公司总裁的电话，说想见他一面。克里丹百思不得其解，不知“老对手”找他什么事。他来到比利孚公司，受到总裁的热情接见。总裁并没有“面试”的意思，而是直接拿出一张非常正规的大红聘书，请他做技术部经理。克里丹惊呆了，问：“你为什么这样相信我？”

总裁哈哈一笑，说：“我早就听过你的大名。我的技术部门经理曾经跟你打过交道，他知道你是个技术一流、人品一流的人才。现在，他退休了，他向我特别推荐你。小伙子，你的技术水平是出了名的，你的正直更让我佩服，你是值得我信任的人！”

克里丹这才明白过来。后来，他凭着自己出色的技术、卓越的管理水平和良好的诚信度，成了一名优秀的职业经理人。

成功锦囊

诱惑你说出秘密的人往往不会直接告诉你，很可能费尽心机掏出你心里的话，甚至不惜“威逼利诱”，或者使用种种攻心手段。所以，应该时刻保持警醒，心里的秘密越重要，越要保持冷静的头脑和坚定的意志。

放低自己，谦逊处世少祸端

自信是成功者的必要条件之一，但是自信又不能太过火，自信过了头，就会量变引起质变，成了自大。自大必定会酿成失败的苦果。

人在年轻的时候很难把持自己，取得一点成绩就容易沾沾自喜，滑向自大的边缘。其实，如果你认真观察那些成功人士就会发现，越是成功的人越谦逊，越是有能耐的人越会放低自己，谦逊地对待他人。

唐朝武状元郭子仪出将入相，权倾天下，曾几次力挽狂澜。但是在生活中，却为人低调，没有架子，对身边人都保持谦逊温和的态度。郭子仪深知，自己位高权重，虽然是国家的有功之臣，却更容易招人嫉妒，被政敌抓住把柄。就是当朝皇帝代宗，也对自己心存顾忌。“功高震主”是身为臣子的大忌。所以，郭子仪朝内朝外都处处谨慎小心，以求自保。每次皇帝给他加官晋爵，他都再三推辞，实在推辞不过，才勉强接受。

后来，郭子仪爵封汾阳王，一人之下万人之上，更成为万众

瞩目的焦点。作为这样的“公众人物”，他完全放弃了“隐私权”，他的王府每天都是府门大开，任凭所有人自由出入。不论官员还是平民，想见他的人都可以登门拜见，郭子仪都会礼貌接待。

有一次，一位名叫卢杞的官员去拜访郭子仪。卢杞不过是个无关紧要的小官，位卑权轻，无足轻重，是那些封疆大吏们不愿意多看一眼的人。郭子仪不仅接待了他，而且还对他非常好。卢杞长了一张难看的脸，经常遭到别人的嘲笑，进了郭府之后也有女眷笑话他。郭子仪为了照顾卢杞的面子，让闲杂人都退下，卢杞感激不尽。后来，卢杞当了宰相，权倾朝野，诛杀异己，杀了很多当初重臣的后代，却唯独没有杀郭家一个人。

郭子仪就是这样低调行事，谦逊处世，为自己积攒了一笔不小的人情资本、政治资本。所以后人评价他说：“权倾天下而朝不忌，功盖一代而主不疑。”这一切都是因为他能够放低自己，没有自大。

把自己放低是一种智慧。在通往成功的道路上，态度谦逊，往往可以避开一些没必要的麻烦，也不容易招惹他人的妒恨。虽然说低调的人不一定有智慧，但是有智慧的人一定低调。

被誉为“美国之父”“第一个真正的美国人”的本杰明·富兰克林一生成就无数。他是实业家、科学家、社会活动家、思想家、文学家和外交家，是美国历史上第一位享有国际声誉的科学家和发明家，也是一位优秀的政治家，美国独立战争的老战士。他参加起草了《独立宣言》和美国宪法，积极主张废除奴隶制度，深受美国人民的崇敬。由于他是美国第一位法国驻外大使，在世界上也享有较高的声誉。而他死后的墓志铭却只刻着这样一行字：印刷工人富兰克林。

其实，富兰克林年轻的时候是一个十分傲慢的人。至少在刚刚辍学在他哥哥的印刷作坊中上班时，他很傲慢，经常与人争论，不听哥哥的话，甚至因为与哥哥之间发生争论而出走。但是在后来，有一件小事彻底改变了他。有一次，他去拜访一位前辈。当他昂首阔步进门的时候，头被门框狠狠地撞了一下，奇痛无比。出门迎接的前辈看着他这副样子，笑笑说："很痛吧！可是，这将是你今天来访问我的最大收获。一个人要想平安无事地活在世上，就必须时时刻刻记住低头，这也是我要教你的事情。"这成为富兰克林一生的生活准则之一。从那以后，他就变得十分谦逊，对所有的人，甚至是攻击他的人也很温和，结果得到许多人的帮助，再加上他个人的奋发努力，最终成就了无数的事业。

那些登上顶峰的人总是微微低着头俯视脚下的人群，因为他们站在高处；而他们脚下成千上万的人们，总是高高抬起头向上仰望，因为他们站在低处。站在低处的人，总是高高抬着头，因为他们脚下什么都没有，他们只能往上看。

曾有人问苏格拉底："据说你是天底下最有学问的人，那么我想请教一个问题，请你告诉我，天与地之间的高度到底是多少？"苏格拉底微笑着答道："三尺！""胡说，我们每个人都有四五尺高，天地之间的高度只有三尺，那人还不把天给戳出许

多窟窿？”苏格拉底仍微笑说：“所以，凡是高度超过三尺的人，要能够长久立足于天地之间，就要懂得低头呀！”因此，一定要谦逊，一定要放低自己。谦逊是终身受益的美德，一个懂得谦逊的人是一个真正懂得积蓄力量的人。谦逊能够给人留下好的印象，使人愿意与你相处，在你需要帮助时，也有人愿意施以援手。

成功锦囊

在人的一生中，无论何种情形下，你都要保持一种谦逊的态度。成功时要谦逊，失败时也不要对他人不礼貌。有了这种处世态度，成功能够长久，也会早日走出失败的阴影。

适当装傻，好汉能吃眼前亏

对于成功人士来说，装傻是一种自我保护措施，吃亏是为长远作打算。当你处在弱势，需要舍弃一些面子上的顾忌，先过了眼前这道坎儿再说。

在前面的文章里我们提到过，这个社会是有等级次序的，也是一条由高到低的生物链。当你还处于比较低的等级时，免不了用“忍气吞声”这一招。在不涉及原则问题的情况下，可以装装傻，吃点小亏，不做太细的计较。这个方法可以帮助你积攒一些人气，积累一些人际关系，这是“变强”路上必修的一课。

举一个职场中常见的受委屈的例子。彭静新任总经理助理不久，发现总经理是个特别“没脑子”的人。彭静头天下午刚刚交给他一份材料，第二天一早他就问彭静：“那份材料呢？”

彭静年轻气盛，比较固执，就跟总经理说：“我昨天下午就给您了呀。”

“不可能。我这儿没有。”总经理一口咬定。

“我真的给您了。要不，您再看看抽屉里，您的文件夹里有

没有？”彭静一再追问，就是不承认是自己的过失。

总经理问得不耐烦，就说：“你去再给我打印一份！”

彭静觉得自己实在委屈，就跟另外一位做秘书的朋友发牢骚。那位朋友听了她的遭遇，呵呵一笑说：“你真笨。这明摆着就是总经理自己把材料弄丢了，又不好意思承认嘛。这个小黑锅，你背一下喽。总不能让总经理向你认错吧。下次再遇到这种情况，你就乖乖承认是自己忘记交给他了。”

彭静将信将疑，找了个机会向总经理“道歉”。总经理看上去非常高兴，直夸彭静“懂事”。后来，这位总经理很满意彭静这位得力助手，说她“虽然偶尔有点儿马虎，但是态度很好，值得提拔”。三年后，总经理跳槽到另外一家大公司高就，硬是带着彭静一起“高飞”了。

当你遇到对自己不利的环境时，千万别逞血气之勇，也千万别抱着“可杀不可辱”的固执念头。为了成就大业，成为一个未来能“负重”的强人，吃点儿眼前亏又何妨?

利特尔公司是世界最著名的科技咨询公司之一。它的前身只是一个小小的化学实验室，并不为人所知，也没人关注。它日后能逐渐发展成为知名企业，跟他的创始人利特尔“人前装傻”的习惯有关。

1921年的一天，许多企业家聚集在一起，谈论科学和生产的关系。有人认为科学可以转化为财富，有人则认为这种说法很可笑。一位大亨就高谈阔论，否定科学对企业生产的重要作用。这位大亨对利特尔轻蔑地挑衅说：“我的钱实在是太多了，所有的钱袋都已经装不下了，想找猪耳朵做的丝线袋来装钱。或许你的科学能帮我实现这个愿望。如果真能做成这样的钱袋，大家都会尊你为科学家的。”说完，他哈哈大笑起来。

利特尔被当众羞辱，感到非常气愤，恨不得给这个无聊的人几个耳光。可是他却忍住了，佯装平静地说：“谢谢您的指点。”

这件事并没就此罢休。利特尔公司开始暗中大量收购猪耳朵。之后，公司的化学家们紧锣密鼓实验起来。他们把猪耳朵分解成胶质和纤维组织，然后又把这些物质制成可纺织纤维，再纺成丝线，并染上各种美丽的颜色，最后编织成五光十色的丝线袋。“猪耳朵钱袋”，这听起来滑稽又不可思议的名词被科学家们变成了现实。

这种钱袋精巧美丽，材料新颖，人们对它充满了好奇，投放市场后被一抢而空。利特尔公司从此声名大噪。利特尔也成了百万富翁。

吃得眼前亏，方为人上人！所有渴望成功的人一定要记住，如果自己尚处在势单力薄的阶段，不要为了“争口气”而轻易跟人翻脸闹僵。一个误解，一次委屈，一句调侃，不会伤筋动骨，事后别人也不会记得。你暂时放弃面子问题忍下这口气，可以落一个“宰相肚”的好名声。以后等你发迹了，力量变强了，那仍旧是段佳话。

成功锦囊

刘备曾经被雷“吓”掉了筷子，孙膑为了保命而装疯卖傻，我们偶尔含糊一下吃个眼前亏，不算什么丢脸的事。只要你能突破心理这道防线，就更容易在社会上立足。

隐藏锋芒，别做“犀利哥”

成功人士从来不以揶揄挖苦别人为乐，在他们的嘴里，说得最多的是赞许和鼓励的话。讽刺别人的话太刺耳，弄不好就成了搬起石头砸自己的脚，把自己陷入难堪的境地。

《三国演义》中有一个因感情用事、言语犀利而被杀的典型人物，他就是祢衡。祢衡二十出头开始闯荡社会，去了汉王朝的都城许昌。当时的许昌聚集着司马朗、荀攸、赵稚这样的名士，有人劝祢衡去结交这些人，用今天的话说，这叫“积累人气”。祢衡却对这些社会名流不屑一顾。他评价司马朗是“杀猪、卖酒的”。当别人劝他参拜荀攸、赵稚时，他回答道：“荀某白长一副好相貌，如果吊丧，可借他的面孔用一下；赵某是酒囊饭袋，只好叫他看守厨房。”这些足见祢衡狂傲不羁，霸气外露。

献帝初年间，孔融上书荐举祢衡。大将军曹操是爱才之人，就下令召见祢衡。祢衡却不买账，瞧不起曹操。他谎称生病不去觐见，还口出不逊之言。曹操是何等人物，怎能容得了别人侮辱

自己。他故意给祢衡封了个击鼓的小官，借以羞辱他。一天，曹操大宴宾客，命祢衡穿戴鼓吏衣帽当众击鼓为乐。祢衡借坡下驴，直接就在大庭广众中脱光衣服，赤身裸体，主人颜面尽失，宾客尴尬至极，宴会就这样不欢而散。曹操对祢衡恨之入骨，又不愿因杀他而坏自己的名声，便把祢衡送给荆州牧刘表。

祢衡在刘表那里做事倒还卖力，却依旧改不了狂傲本色，到处得罪人。刘表爱莫能助，干脆送走"瘟神"，把祢衡打发到江夏太守黄祖那里去。祢衡为黄祖掌管文书，起初干得也不错，后来又犯了老毛病，直接顶撞黄祖。黄祖是急性子，岂能容忍一个无名小卒冒犯自己，就直接杀了祢衡。当时祢衡不过26岁。客观地讲，祢衡文才颇高，本有一技之长，但是他锋芒太露，桀骜不驯，对谁都不客气，终究断送了自己的前程和性命。

"满招损，谦受益"，这是再浅显不过的道理。然而有许多自以为有点资历的人总是在这个道理上犯错。只要有人的地方，他们就会产生一种莫名的鹤立鸡群感，优越感特强。他们总是不失时宜地张着大嘴卖弄自己的所谓本事，甚至把打击讽刺别人当作一种乐趣。这样做的人，非但与成功无缘，还会把自己陷入难堪的境地。

2002赛季的NBA刚开打不久，在TNT电视台的《NBA内部秀》节目上对新加盟火箭队的中国队员姚明嗤之以鼻的原NBA球星巴克利滔滔不绝，并口出狂言，他说如果姚明能够在本年度的任何一场常规赛上得到19分，他就会去亲吻同事——当年火箭队夺冠的功臣肯尼·史密斯的屁股。这句话经过若干次"误传"后，到姚明的耳朵时就成了"如果姚明得到19分，巴克利就会亲吻姚明的屁股"。

姚明听了后就笑着说："那好，我就拿18分算了。"

结果火箭队在客场挑战湖人队时，姚明攻下了20分，在为自己赢得尊重的同时，也把巴克利逼入了"绝境"。而肯尼·史密斯在得知姚明得了20分后欣喜若狂，表示一定要让巴克利履行诺言，他牵来了一头驴代替自己。巴克利不得不非常难堪地去应付他的"赌债"。一日，镜头聚焦，强光灯灯光闪耀，在周围人群发出的一阵狂笑声中，巴克利一脸难堪地蹲下身去，无奈地、痛苦地把嘴向驴的屁股贴去……

上述场面并非虚构，而是全世界从NBA球星到球迷无人不知、无人不晓的"吻屁股佳话"。然而人们在评、传故事之余，感想更多的并不是故事本身，而是妄自尊大、口出狂言之祸。

成功锦囊

眼里不揉沙子、肚子里藏不住话的人成不了大事，锋芒毕露、大喜大悲的人也会沦落为职场里担不起大任的小卒。不管是沉默还是有必要的争论，都必须就事论事，做到客观、平和，不用言语刺伤别人。

文字要空，话亦不能说满

成功人士都懂得“空”的智慧，说话不说满，更不轻易许诺，总要给自己留下回旋的余地。到处打包票的人通常是靠不住的。

成功学大师拿破仑·希尔说过：“无论你多么能言善语，如果话说得太满了，也不如不会说话而不胡言乱语强。”就是告诫那些“快嘴”的人们，连珠炮一样不断发表议论不是一个聪明的行为，说不定你的哪句话授人以把柄，从而对自己的前途造成负面影响。

李强研究生毕业之后进入IT行业，一直做得比较顺利，没过多久就担任了公司技术部门的经理。新官上任，意气风发，总急着表现自己。上任的第一个月，他就向公司老总指出，公司内部技术部门的管理通路不太顺。老总说：“你是技术部门经理，你看着办吧。”李强仿佛得到尚方宝剑一样，兴高采烈地答应下来，还打包票说：“都包在我身上，请领导放心！”

然而，真的到了要实施的时候，李强犯难了。他不断地向总监申请经费，经费却迟迟不到位。总监总是这样对他讲：“财务那边有问题，你申请的经费太多。”李强说：“我已经跟老总说过了，他支持我这次技术升级的。”总监呵呵一笑说：“是嘛，你真有本事啊，都直接去找老板了。那么，你就直接去问老板要钱呗！”

李强终于明白，自己太过“逞能”了，忘了自己上面还有个顶头上司。他在大老板面前逞英雄，无异于把自己的上司放到了一个尴尬的位置上。无奈之下，他只好把改善通路的计划搁浅下来。这样一放不要紧，上面大老板反倒问李强：“李经理，你的管理通路项目什么时候做啊，怎么雷声大雨点小没动静了？”李强当然不能说因为自己得罪了上司，只好羞愧难当地说：“遇到了一个……技术上的难题，我还攻克不了……”李强恨死自己了，要是当初不去找大老板，不去揽下这桩差事，自己也不会那么糗了。大老板和顶头上司都看他的笑话，这个跟头栽大了！

所以，人在说话的时候，要学会“空”。所谓“空”，意思有两层：一是在文字上要注意修辞，结论不要下得太早和过满，但是又不要多说废话；二是在办事上，要给自己留条后路，把事情办得活泛一点儿，千万不要“把自己套牢”。话不能说得太满，事情也不能做得过火。

某公司的销售冠军周挺被派到新市场，因为业务不是太熟悉，第一季度的产品销量就比以前下降了30%，冠军宝座被人夺走。销售经理很生气，就把他叫到办公室问话。

“周挺，看看你这个季度的销售成绩，怎么这么差啊？你以为我让你拿这么多的薪水，是白白养你吗？”没等周挺为自己解释，经理已经开始发飙。

“经理，我……”周挺本想趁这个机会就此事与经理正面沟通。

“什么都不用说了，回去好好反省吧。我再给你一个月的机会，如果下个月你的业绩还不能提升，那我就要扣你年终奖金了。好了，你先出去吧。”经理不耐烦地把欲言又止的周挺赶了出去。

周挺无奈地走出经理办公室，越想经理那逼人的架势，心里就越窝火。想想自己从公司创业到现在一直风雨无阻、任劳任怨地开发新客户、巩固老客户，拓展了公司近30%的市场，年年被评为优秀员工。这个季度是因为被分派到刚开发的新市场，客户数量不多，再加上公司总部发货不及时，才有很多客户临时取消了订货单，虽然业绩少了，但也还是超额完成了任务的。经理怎么能不由分说就把自己数落一顿，还要扣年终奖呢？既然惩罚这么重，又不通情理，与其被他罚，还不如自己先另谋高就。于是，周挺递交了辞职信，还带着两个合作默契的伙伴一起跳槽到了另外一家公司。

周挺的经理损兵折将，自己的日子当然不好过。没过多久，他也被自己的上司狠狠批了一顿，受到减薪的处罚。

人的职位越高、权力越大，越应该注意自己的话。尽量少用“绝对”“一定”“必然”这类语气太强烈的言辞，以免给对方造成压迫感。说话要“空”，就是给自己留下回旋余地。上述故事中的销售经理如果能够态度和善些，给周挺解释的机会，两个人的关系就不至于彻底破裂，销售经理也就不会受到上级的处罚了。

凡事不要太过，要把握一个度，不要把事情做得太满，而要适当地留下一些“空洞”。李嘉诚做生意有一个原则，那就是留三分利给对手。这样在自己需要他人给自己留余地的时候，也会得到他人的回报。

成功锦囊

与人相处，不能太强势，就是不能事事做到十分，而是要做到七八分，话不能说满，事不能做过，不然就会“满招损”。

Part 04

卓越思考：巧妙用脑，灵活应对

思考是一生的课题。

人只有不断思考才能学会灵活，

懂得变通，

并不断创新，

以适应社会的发展。

04

转变思路，东方不亮西方亮

成功人士通常都是思路灵活，头脑清晰，所以在思考问题的时候能够比别人更快更准地找到解决问题的方法。要达到这种境界，需要记住一句话：东方不亮西方亮。

在电视剧《家有儿女》中有个段子，父亲写的剧本没能成功搬上舞台，父亲很灰心。回家的时候，恰逢孩子们聚在一起等着给他过生日，而生日蛋糕上的蜡烛很有意思，只插在了蛋糕的半边。父亲问："什么意思？"孩子们大笑说："这叫'东方不亮西方亮'。"孩子们提醒爸爸，就算这次剧本没被采用也没关系，以后有很多机会。

这句话说来简单，但是当我们遇到具体事情的时候，常常会忘记。我们容易陷入思维的"小巷"，让自己的思路变狭窄。

有一个年轻人，是我们所称的"富二代"，大学毕业后平步青云，全权操盘价值15亿的房地产项目。过于顺利的人生之路让他变得骄傲自大。他不顾市场需求，不管客户购买力，不考虑

成本，不看时局，一味要造“最好”的房子，造成项目投入一高再高，设计一改再改，工期一拖再拖，终于把公司逼到了无法负担、进退维谷的地步。面临3亿的资金缺口，这个年轻人不得不去高尔夫球场找了他父亲。

父亲说：“年轻的时候我喜欢刺激的运动，于是刚到美国的时候参加了射击俱乐部，可我发现在那里的会员都带着一股怒火，仿佛把子弹全打出去才能把情绪发泄出来，后来我发觉在射击俱乐部里的人都是来自中低层的人，他们整天被拒绝，只能靠射击来找平衡。后来我到了华尔街，那里成功的人就多了，而且各有特点，可我没有把目光聚集在各种各样的成功人士身上，而是把注意力放在了少数的失败者身上。我发现他们无论什么出身，来自什么阶层，都延续了一个特点，那就是小巷思维，就好像身在一个小巷里，不是进，就是退，甚至连转身的余地都没有，这就把自己逼到了绝路上，这样就会有压力，压力多了就会失控。我说过，失控是最坏的局面。”

“那么是谁把他们放进小巷里？”年轻人若有所思地问。

“当然是他们自己。”富翁笑了，“你看，眼前这一片绿地，你往哪里走都可以，有很多选择，你愿意在绿地里，还是在小巷里？”

为了突破“小巷思维”，你要多交朋友，多与朋友交流，多与同行交流。同一个项目可以有很多不同的想法、思路，无论这些想法是对是错，可行不可行，你都会从中得到有益的启示。这就是交流的迷人之处。

今天，“汇源”是国内著名的品牌之一。但在它创立之初，却举步维艰。创始人朱新礼整天为钱发愁。他首先想到的是找政府扶持，但人家明确告诉他，政府没有资金。后来，他又想找亲戚朋友借，但大家的收入都很少，借来的那一点点钱也只是杯水车薪，而且就算有钱的亲友也不愿意借给他，人家心里没底，怕钱打了水漂。朱新礼只好去银行碰运气。他怀着满腹的希望踏进银行，与行长进行了友好洽谈。但之后很久，贷款还是杳无音信。

情急之下，朱新礼决定到国外“淘金”。他学过外贸方面的知识，决定用“补偿贸易”的方式到国外吸引资金、学习技术。他用最通俗的话跟自己的员工解释：“我们的目标——用外国人的钱买外国人的设备，再去赚外国人的钱！”

几经周转，价值上千万美元的德国水果加工设备在汇源公司安家落户了。在20多个德国专家、工程技术人员的指导下，工厂正式开始投产。汇源的第一批浓缩果汁诞生了，而且经检验，完全合格。

后来，朱新礼这样形容："尽管前方是沙漠，我还是义无反顾地向前冲。因为我相信，前方一定会出现绿洲的。"

朱新礼的故事，还真是"东方不亮西方亮"，在国内筹不到钱，却在西方找到了资金和技术，解决了自己企业生存和发展的难题。我们做工作也好，创业也好，要学着跳出思维中的"小巷"，到外面更广阔的天地看一看，看看其他公司怎么做，甚至其他城市的人怎么做，其他行业的朋友怎么做，说不定你的思路就打开了。

成功锦囊

穷人往往只盯着自己家的"一亩三分地"，而富人懂得把眼光放开。在这个共享的年代，要多与同行交流，让自己的眼界更宽。开阔的视野会给你一个高度，让你犹如站在顶峰一样。

紧盯结果，逆向思维反推法

“莫以成败论英雄”这样的话是安慰人用的，成功人士都是眼盯结果的。为了达到既定目标，方法上可以灵活一些，过程中可以用点儿花样。

说是“为达目的不择手段”有点儿夸张，但是，为了把事情办成，有时候你就得“不走寻常路”。这个世界并不是1+1=2那么简单，很多时候，为了让你希望的那个结果出现，需要在过程上变个花样。

吴总已是身价上千万的老板，倒退10年，他还是一家建筑材料公司的业务员。当时公司最大的问题是如何讨账。产品不错，销路也不错，但产品销出去后，总是无法及时收到款。小吴的任务就是把这些钱要回来，他的工资就是回款提成。

有一位客户，买了公司10万元产品，但总是以各种理由迟迟不肯付款，公司派了3批人去讨账，都没能拿到货款。当时小吴刚到公司上班不久，就和另外一位姓张的员工一起，被派去讨账。他们软磨硬泡，想尽了办法。最后，客户终于同意给钱，叫他们

过两天来拿。

两天后他们赶去，对方给了一张10万元的现金支票。他们高高兴兴地拿着支票到银行取钱，结果却被告知，账上只有99920元。很明显，对方又耍了个花招，他们给的是一张无法兑现的支票。第二天就要放春节假了，如果不及时拿到钱，不知又要拖延多久。

怎样才能拿到钱呢？小吴在脑子里画着问号。账户上的钱不够，支票就不能兑现……，他灵光一闪，要是账户上的钱多一些，我们不就能提款了嘛！小吴几乎要惊叫起来，他自掏腰包拿出100元钱,存到客户公司的账户里去。这样一来，账户里就有了100020元。他俩立即将支票兑了现。

当他带着这10万元回到公司时，董事长对他大加赞赏。之后，他在公司不断受到提拔，5年之后当上了公司的副总经理，后来又当上了总经理。

有些时候，我们找不到解决问题的方法，可以用“倒推法”，就是从结果往回推导，看看怎样进行才能达到预想的目标。就像我们玩“迷宫”游戏一样，我们可能无法从乱糟糟的豁口、缺口、死胡同中找到一条活路，但是，如果我们站在出口的位置往回走，可能很快就找到办法了。

李嘉诚十几岁就开始奔波养家，他先是在茶楼做跑堂的伙计，后来应聘到一家企业当推销员。有一次，李嘉诚去推销一种塑料洒水器，他向很多客户做了产品介绍，好话也说了无数，就是没有订单。李嘉诚有点儿担心自己无法向老板交代。

尽管推销得不顺利，年轻的李嘉诚还是不停地给自己打气，精神抖擞地走进了另一栋办公楼。他一边走一边想，是不是自己介绍产品不够详细？是不是自己在推销的时候遗漏了什么细节？如果自己是老板，为什么要买这个洒水器？忽然，他看到楼道上的灰尘，脑子里闪现一丝灵感。他改变方向，没有径直去老板的办公室，而是转向洗手间，往洒水器里装了一些水，在满是灰尘的楼道里洒了起来。神奇的效果出现了，经他这样一洒，原来很脏的楼道变得干净起来。产品的使用效果就这么形象地展示出来，李嘉诚没有说一句推销的话，一下午，就卖掉了10多台洒水器。

李嘉诚这次推销为什么成功了呢？原因在于把握了一个推销的诀窍：站在客户角度想问题。推销员老讲自己的产品好，哪能比得上亲自示范，让大家看到使用后的效果呢？在干了一段时期的推销员之后，公司的老板发现李嘉诚跑的地方比别的推销员都多，成交的也最多。说来说去，李嘉诚就是沾了“倒推法”的光。

成功锦囊

就像做数学题里的证明题一样，顺着理不清思路的时候，可以从结果往前推导，逆向思维可以帮你找到新的突破口。

遇繁化简，把复杂问题简单化

成功人士通常信奉“简单”，越简单越好。有人说，“四两拨千斤”是中国功夫中的精髓，那么“化繁为简”就是思考的至高境界。

“简化”是一种智慧。它的核心就是：不纠缠在事物的复杂表象，不把宝贵的资源浪费在无价值的环节和推托上，而是准确地发现问题的本质，并从根本上解决它。

湖南有家造纸企业，因经营无方，多年亏损。新老总上任后发现职工作风散漫，上班该干什么，不该干什么，没个标准。办公室主任告诉老总，企业不但制定了规章制度，而且非常详细。说着，主任抱出一堆写着管理条例的本子。

老总一看，好家伙，厚厚五大本，足有几斤重。老总翻了翻说，这么复杂的东西，谁看，怎么记得住。于是，他亲自主持制定了两项管理制度，一项叫作“四无”，一项叫作“五不走”。“四无”，即车间必须做到：无垃圾、无杂物、无闲坐闲聊人员、无乱放成品半成品。“五不走”，即工人下班必须做到：设备不擦净不走、材料不放整齐不走、工具不清点好不走、记录不填好不走、现场不清扫不走。两项制度，一共9条，简单清楚，人人明白。以后，工厂管理大有起色，人人都夸老总“英明”。

这个故事说明：简单化常常是解决问题的最佳方法。如果用“唯简”思维来处理复杂的问题，任何看似很复杂的问题，一定会有很多解决的办法，并且，总会有一个最简单的方法来化解其复杂。

柯达的一句“你只要按下按钮，其余的都交给我们”，使摄影走进了寻常百姓家。著名的通用电气公司前任CEO杰克·韦尔奇曾大刀阔斧、化繁为简地进行一系列变革，实现了GE“向小公司学习”目标，既有大公司的组织躯壳，又拥有小公司的灵魂（像小公司一样采取灵活机动的行动），结果使企业获得巨大成功。德国西门子公司驻华公司总经理曾说：“我们德国人很懒的，我们做事情喜欢简单，例如计划，我们往往把几张纸要说的内容浓缩到一张纸上，把一张纸的内容再变成几段话，然后继续把这几段话简化成一段纲要性的话。最后，只要能简明扼要地表述出我们想要的意思就可以了，没有必要用任何多余的东西。”可以说，正是化繁为简的经营智慧，造就了这些全球著名的卓越品牌。

其实，我们每个人都深刻地感受到了复杂和烦琐带给我们的痛苦和无奈，我们的内心深处都渴望追求真实而自然的生活。向往简单，崇尚简单，不论是个人生活还是工作。这是人的天性，也是一种文化。

多年前，一家酒店打算增加一部电梯，专家们经过复杂的论证，认为最好的办法是在每层楼上打一个大洞。

恰巧有一位清洁工听到了他们的谈话，就插嘴说：“我要是你们就会把电梯装在楼外。”工程师们听后惊呆了，接下来，顺着这个思路，便有了近代建筑史上的伟大变革——“把电梯装在楼外”的观光电梯。

对“复杂”和“简单”的论证，著名学者何新曾调侃说：“最简单的经济现象，拿某些经济学人那套宏观或微观的理论术语以至某种数学模型一编排，就谁也看不懂了。”一笑之余我们还应该做深一步地思考，在理论越来越多、教条越来越多的今天，我们是不是会把简单的问题弄复杂了，自己难为自己呢?

杰克·韦尔奇认为：世界上有两种人，一种是把复杂的事情搞简单的人，一种是把简单的事情搞复杂的人。而“管得简单就是管得好”是他对成功的感悟。

成功锦囊

我们的生活需要简单，我们的工作需要简单，我们的管理更需要简单，但简单不等于浅薄、简陋、粗放，简单是深刻、丰富、精细，丰富才能简单，精细才能简约。

化整为零，逐步攻克大难题

没有多少成功人士是一步到位“成功”的，他们的财富都是逐渐积累起来的。由此也为我们提供了一种思考问题的方法：面临一个巨大的难题时，可以化整为零，逐步击破。

如果一个突如其来的大难题摆在你面前，你可能毫无头绪，不知道从何下手去解决它，进而被困难吓倒也说不定。或者，你拿出愚公移山的勇气来，一点一点解决难题，说不定能够找到方法，但是那会花费很长时间。比较好的方法是，把这个难题“大卸八块”，化整为零，逐步击破。

心理学家曾经做过这样一个实验：组织三组人，让他们分别向着10千米以外的三个村子进发。第一组的人既不知道村庄的名字，也不知道路程有多远，只跟着向导走就行了。刚走出两三千米，就开始有人叫苦；走到一半的时候，有人几乎愤怒了。

第二组的人知道村庄的名字和路程有多远，但路边没有里程碑，只能凭经验来估计行程的时间和距离。当走到全程3/4的时

候，大家情绪开始低落，觉得疲惫不堪。

第三组的人不仅知道村子的名字、路程，而且公路旁每1千米都有一块里程碑，人们边走边看里程碑。行进中他们用歌声和笑声来消除疲劳，情绪一直很高涨，所以很快就到达了目的地。

我们在思考问题的时候，就像是在走这样一段路程。比较幸运的是，我们知道面前的问题是什么，只是缺少“里程碑”。我们要动手为自己制作这样的里程碑，也就是说，把面前这个看似巨大无比的难题肢解开来，变成一个个小难题逐一攻克。

1968年，罗伯·舒乐博士立志要在加州用玻璃建造一座水晶大教堂。他向著名的建筑设计师菲利普表达了自己的构思：“我要的不是一座普通的教堂，而是一座人间的伊甸园。”

只要有钱，什么教堂盖不出呢？菲利普问舒乐博士：“您的预算是多少？”

舒乐博士的答案让菲利普大跌眼镜。他说：“事实上，现在我一毛钱都没有，所以对我来说，100万美元和400万美元并没有区别。重要的是，这座教堂本身要具有足够的吸引力，吸引捐助者的到来。”

经过一番计算，菲利普告知舒乐博士，教堂需要的预算是700万美元。这个数字不但大大超出了舒乐博士的承受能力，甚至超出了他的想象范围。其他人也都对舒乐博士说：“这似乎不可能。”

但舒乐博士却想出了一个化整为零的方法。他在一张纸上写着“700万美元”，然后在这个目标下面写道：1．找1笔700万美元的捐款。2．找7笔100万美元的捐款。3．找14笔50万美元的捐款……9．找700笔1万美元的捐款。10．卖出教堂1万扇窗户的署名权，每扇700美元。

在这神奇的化整为零的方法作用下，舒乐博士历时一年多筹集到了足够的款项。据说，水晶大教堂最后耗资2000万美元，但是在舒乐博士将这宏伟的目标化整为零之后，奇迹般地募集了足够的资金，让这个大教堂成了加州胜景。

化整为零不但是一种解决问题的思路，还被更多地运用在很多营销、销售方法上。我们常见的“分期付款”，其实就是一个活灵活现的例子。

1956年，美国福特汽车公司推出了一款新车。这款汽车式样、功能都很好，价钱也不贵，但是很奇怪，竟然销路平平，和当初设想的完全相反。销售经理们急得像热锅上的蚂蚁，绞尽脑汁也找不到让产品畅销的办法。这时，在福特汽车销售量居全国末位的费城地区，一位毕业不久的大学生对这款新车产生了浓厚的兴趣，他就是后来福特公司的总裁艾柯卡。

艾柯卡当时是福特汽车公司的一位见习工程师，他找到主管销售点的经理，向经理提出了一个创意：在报上登广告，内容为“花56美元买一辆56型福特”。这个创意的具体做法是：谁想买一辆1956年生产的福特汽车，只需先付20%的货款，余下部分可按每月付56美元的办法逐步付清。这种做法不但打消了很多人对车价的顾虑，还给人留下了“每个月才花56美元，实在是太合算了”的印象。于是，奇迹就在这样一句简单的广告词中产生了。

短短3个月，该款汽车在费城地区的销售量就从原来的末位一跃而为全国的冠军。

大到整个人生的设计，小到具体问题的解决，都可以采用“化整为零”的思维方式。把眼前的问题看成你要实现的目标，把它分阶段、分块实现，问题也就迎刃而解了。

成功锦囊

化整为零的方法可以跟哲学中“主次矛盾”的思路结合起来使用。当问题成堆出现的时候，找到那个最致命、最紧急的问题先解决掉，其他的就会容易很多。

打破陈规，不被传统套牢

古人的经验是可以用来借鉴的，也是可以用来打破的。很多时候你的问题想不明白，思路堵塞，可能是被传统束缚的缘故。成功人士往往都善于挣脱老规矩的束缚。

看历史故事中“保守派”和“革新派”的争论，往往围绕一句话展开：祖宗之法不可变。要是改了“祖宗”的规矩，一部分人就会站出来反对。而历史恰恰证明，那些因循守旧的，不思创新的，不愿改变的，统统被超越和打败。只有变化才能发展，只有打破陈规，才能找到新出路。

在1984年以前，“奥运会”几乎是“赔钱”的代名词，没人想过一场运动会能够成为赢利的手段。但是，1984年的美国洛杉矶奥运会是一个转折，这次奥运会，美国政府不但没有掏一分一文，反而赢利2亿多美元，创下了一个奇迹。

创造这一奇迹的人，名叫尤伯罗斯，是一个商人。尤伯罗斯将整个奥运活动、企业和社会的关系做了通盘的考虑，决定将奥

运会实况电视转播权进行拍卖，这可是从来没有过的。美国三大广播电视巨头美国广播公司ABC、哥伦比亚广播公司CBS以及全国广播公司NBC都认为，独有转播权对于企业形象和广告升值有巨大作用，便开始了彼此的竞争。最后，ABC以2.25亿美元买下洛杉矶奥运会16天比赛的转播权，并同意提供7500万美元的技术设备。

尤伯罗斯对接力长跑的“创新”也让人跌破眼镜。以往的奥运会万里长跑接力，都是由有名的人士担任，但尤伯罗斯一改这种做法，表示谁都可以跑，只要身体够棒，另外出钱就可以，每1千米按3000美元收费。这真是一个破天荒的想法，会有人花钱买罪受吗？没想到，消息一公布，报名的人竟然蜂拥而至，共收费4500万美元!

这次奥运会给尤伯罗斯带来了空前的声誉。回首成功，他感到非常自豪：有想法就有突破点。假如被以往奥运会的承办模式束缚住，怎么能够创造出这样辉煌的业绩呢?

社会在变，人们的思想观念在变。所以，我们思考问题的方式必须变。“古法”自然有独到之处，但它毕竟是“古”法，与新的时代环境有差异。新人就要敢于打破旧法，找到新的出路。

传统看来，牛仔裤是“体力劳动者”穿的，因为它的布料结实、耐磨。但是，1946年，一家犹太人经营的服装公司——列瓦伊·斯特劳斯公司决定出清其他一切库存物品，不管合算不合算，把公司的全部资金用于生产牛仔布料。这种由10股3号棉纱织成的布料，已获得专利，专由列瓦伊·斯特劳斯公司生产。

这种布料做的牛仔裤特别有助于显示出人的体形，充满青春气息，面市后就大受欢迎。进入20世纪60年代后，更是大行其道，甚至被一位总统穿进白宫。如果说，原先批量生产的服装使一个公司的推销员穿得像总经理一样，那么，牛仔裤则使总经理穿得像推销员一样，而且牛仔裤不分性别，男人女人穿得完全一样。

斯特劳斯公司一炮打响，虽然多少靠点儿运气，但如果没有“挑战传统观念，打破思维局限”的冒险精神，也不可能孤注一掷地把全部资金都压在新型布料这一宝上。服装行业本身是个风险行业，除了那些生产传统服装的老牌企业之外，凡生产时装的，每年春秋两季就是两次大冒险。抓住了时机，就成功了。

由此看来，我们需要审视那些“传统法则”，以及其他一切你想当然接受的东西。特别是对于那些渴望成功的人来说，如果你的思维跟周围的人一样是保守的，僵硬的，或者，你只愿意待在原有的阵营里，你又怎么可能在越来越年轻的消费者身上挣到钱呢？

创意，源于传统，又打破传统。不但要传承“祖宗”的好东西，在此之上更要有更新。如果能够向前迈出这一步，你面临的问题，可能就不是问题了。

关注信息，嗅觉灵敏路好走

成功人士不是坐在家里凭空“想”主意，而是眼观六路耳听八方到处“搜集”主意。一条新闻，一个消息，都可能是他们解决难题、挖掘财富的大门。

如果告诉你，看《新闻联播》也能变成百万富翁，你肯定不信。但是，真的就有一个广东富翁，在他去世的时候，留给后代一个锦囊，上面有他在世时的22条生意经，其中一条就是“要坚持看《新闻联播》”。他的理由是，要想把握经济命脉，必须关注全局。了解国内外的大事件，抓住有用的信息，为我所用。

万事利集团董事长沈爱琴在《新闻联播》上得知APEC峰会将在上海开幕的时候，经过多方的努力，使她的丝绸成为各国元首身着的特色“唐装”的布料，这等于向全世界进行了一次绝佳的广告宣传，海外订单由此大增。

欧元纸币样品刚刚面市时，萧山的皮革城就已开始出现专装欧元的大钱包。

2001年中国申奥成功的当晚，浙江台州民营企业家就飞往北京，取得了为北京奥运提供花卉、盆景的合同。

一个记者去采访一个普通小老板，看见小老板正在翻阅《中国新闻出版报》。当时记者就带着调侃的口气问：“这里也有生意吗?”这位小老板指着报上的一则消息，说：“你看，国家新闻出版总署将要更换全国的记者证，这不是商机吗?”

这些都是关注信息、捕捉商机的例子。关注《新闻联播》当然只是一个方面，成功人士善于在很多细小之处发现问题的突破口。一条有价值的信息，一个准确的情报，会使一大笔生意获得成功。而随时留意身边的信息，说不定就能遇到有用的情报。

一度风靡全球的迷你裙，就是设计师玛丽在路边散步时，从人们的闲言碎语中“听”出来的。玛丽是英国一位小有名气的服装设计师。一天，玛丽饭后在黄昏下的街头散步，走着走着，背后传来一阵女孩子的交谈声。玛丽回头一看，是几个十七八岁的女孩在闲聊：“现在流行的服装真没劲，真令人讨厌。”“你这

条破裙子还流行呢，难看死了，把它剪烂扔掉算了！”

玛丽顿觉羞愧，心想我们的确应该设计出能显示女孩子青春活力的裙子。“剪，对啊。如果把裙子剪掉一截，那不是能充分展示年轻女子的身材，不是正好可以让少女们洋溢青春的气息吗？”玛丽止步，兴奋地跑回家动手制作起来。几天后，这种被称为“迷你裙”的短裙一上市就被抢购一空。穿这种“迷你裙”的少女出奇的多，大不列颠掀起了一股争穿“迷你裙”的热潮。而后，又传入世界其他国家和地区。玛丽因此被人称为“流行服饰产业的女王”。

玛丽的成功，在于从少女口中听到了“剪”字上，深入地联想到它与青春活力的关系。多留意一下，多想一步，就悟出了千万财富。

纷乱复杂的生活中，机会到处都是，善于捕捉商业信息，深入思考，就能孕育出成功的灵感。比别人多听一听，比别人多想一想，你就比别人多一些成功，就这么简单。

成功锦囊

机会时时在，商情处处有，只要眼观六路，耳听八方，及时把握，成功离你并不遥远。

遇事动脑，方方面面想周全

“车到山前必有路”是一种自我安慰的说法，却不是成功的要义。成功人士往往会把事情考虑周全再行动，把失败的风险降到最低。

微软之所以能够取得今天的成就，最大的成功之处就是比尔·盖茨预见了个人计算机在今后的世界将会大行其道。那时候的计算机都是些笨重的“大家伙”，一般都是用于工业、军事等，而微软却在那个时候开发出了用于个人计算机(PC)的操作系统。随着PC技术的日益成熟和发展，微软也越来越赚钱。于是，比尔·盖茨也成了世界首富，微软成了世界500强企业。

看眼前，看长远，这是“周全”的一方面。一位商人说：“我每天的工作，有95%是为了未来5年、10年、20年做预先计划。换句话说，是为未来而工作。至于那些已经试办并有成就的事业，我会少插手，最多只管5%的事务。”从事商业活动，尤其是希望有大的发展，一定要有高瞻远瞩的眼光，不能只盯着眼前的蝇头小利。所谓“庸者赚今天，智者赚明天”的古训，说的正是这个道理。

“周全”，还包含另一方面的意思，那就是横向的，一件事情的多个方面。打工也好，自己当老板也好，统筹能力很重要，分析问题的时候要面面俱到，不能偏重任何一个环节。倘若一叶障目，很有可能作出错误的判断，造成经营失误。

明代有一位叫范顺的商人，接受朋友的建议外出经商，他对妻子说：“我置办些杂货上湖广，大概要两个月的时间。东西卖完了，我顺道在那边收些新米回来卖，两下都不落空，可以挣不少钱。”这个决定得到妻子的支持。于是，他很快进好货，出门做生意去了。

范顺和一伙客商乘船沿长江而上。有一天晚上，他们夜泊江西湖口县，一个人上岸去买酒，回来对范顺说：“我刚才上岸，听到有人说，江西广润门被天火烧了，店铺都没货了。我看你不如趁势把货都卖到那里，他们急需这些东西，你肯定卖得快，收钱也快。然后在那边收新米也不错。这是个好买卖，我照顾你才告诉你呀！”

应该说，范顺这位同行的商业嗅觉十分灵敏，在上岸买酒时就打听来了一件与大伙生意紧密相连的重要信息——“江西广润门急需物资”，从而捕捉到了一个市场机会。这种灵敏的商业嗅觉对做生意的人来说几乎是不可缺少的。只是他对这条信息的一个内容——“收钱快”评估有误。实际上，货物脱手确实是快，但“讨账”就谈不上“快”了。这些开铺的人，本钱也烧得没剩多少了，有些人又要先去设法弄房子，哪里还有现钱置货?范顺只得将货物均散与众铺家，做了四个月的赊账。

生意各环节之间的联系都是很紧凑的，一个环节卡了壳，就会把整个生意带入被动境地。因为只能做赊账生意，现钱要等到四个月之后才能到手，即使江西新米同湖广价钱差不多，没有现钱就购不到新米，以致其生意计划无法实现。

由于对商业信息内容的分析判断不全面、准确，导致这笔生意做得不像范顺他们的想象那么好。范顺同行的客商上岸打酒时听到消息得到商机，这非常好，可是，他想得过于简单，只想到货卖得快，却没想到钱款难收上来，最后被压了货款，吃了亏。

所以说，考虑问题要周全。纵向上，要从现在看到将来；横向上，要顾及方方面面。不管你是给别人打工也好，自己当老板也好，放眼全局才能让你思路更清晰，判断更准确。

成功锦囊

一般人总会想：未来的事情谁知道呢？没必要想那么远，车到山前必有路。成功人士则要给自己设计出长远的目标，尽量规避风险，实现可持续发展。

居安思危，好事也要往坏处想

成功人士都有“生于忧患，死于安乐”的危机感，即便眼前没有危机发生，他们也会在心里事先做好演练。这样才能在危机到来时处变不惊。

管理学家们说：“事后控制不如事中控制，事中控制不如事前控制。”可惜大多数人均未能体会到这一点，等到错误的决策造成了重大的损失才寻求弥补。而往往是即便请来了名气很大的“空降兵”，也不是每个人都有扁鹊的医术，很多时候会适得其反。如果你渴望成功，就要有危机意识，力避可能出现的危机，“治病于病情发作之前”。

摩托罗拉是做收音机起家的，它的创始人高尔文有着超常的创新能力，同时又能保持着敏锐的防患未然的预见力，使企业安然渡过一个又一个危机，最终成为全球手机一霸。

1937年年底美国经济出现了大滑坡，而此前，即便是销售旺季，一些其他型号的收音机也开始纷纷降价出售。经验丰富的高尔文忽然有一种强烈的不好的预感，因此想提前采取行动来“躲灾避祸”。

高尔文审时度势，下定决心全力削减他的存货。他分别打电报给各地经销商，邀请他们三五成群地到他的办公室召开一系列的会议。会上，他对经销商给予忠告：“现在，赶快努力出售你们的存货!”

许多经销商开始时并不相信高尔文的预感，但高尔文不容置疑地对他们说：“大风暴即将到来，现在适时地削价，会使我们从现在起在60天到90天的大清算中得救。”

大多数经销商虽然半信半疑，但还是照高尔文的吩咐去做了，这使摩托罗拉在1937年的销售额达到了700万美元。

事实很快证明了高尔文超人的预见力。第二年，全美的收音机行业陷入了危机，许多企业几乎一夜间倒闭，摩托罗拉的销售额也一下子锐减到450万美元，而且被迫解雇了1000名雇员中的2/3，剩下的人每周也只能工作3天。尽管公司遭到了这样巨大的打击，但由于高尔文的超常预见力和防患于未然的果断行动，使公司终于躲过了灭顶之灾。

这种“预感”是基于多年打拼经验得出的。而且，重要的是，他每天、每时每刻都在想着这件事，在强烈的危机意识和忧患意识下，任何一个风吹草动都可能让他想到自己事业的进展情况。迈克尔·戴尔就说：“我有的时候半夜会醒，一想起事情就害怕，考虑哪些事情还有隐患。但如果不这样的话，你很快就会被别人干掉。”

美国管理大师约翰·科特说：“没有危机意识和忧患意识的商人，不是一个卓越的商人。”商人最危险的意识是认为在完全

胜任的领域可以放松一下。比如，公司在同行业或本地区占有40%的市场份额，而最强的竞争对手只占10%。这时人的本性会使你因竞争差距大而感到自满，并且轻视任何一个敢于向你的领先地位发起挑战的“暴发户”。但正是这些不值得一提的竞争者才可能把你毁掉。

赫伯特·曼利的故事便能说明这个道理。赫伯特·曼利是美国业余高尔夫球顶尖高手之一。在他辉煌的比赛生涯中，曾经有一次“不可思议”的失败经历。那是一场美国业余锦标赛，曼利的对手是一个15岁的男孩。看得出，这个孩子还比较“嫩”，家人在场边围观助威。比赛中，曼利一直保持着优势，当曼利领先男孩4杆时，男孩竟在众目睽睽之下放声大哭起来。这原本是个取胜的机会，曼利却心生不安，他自责又内疚，觉得自己在欺负“孩子”，让这个男孩在父母亲友面前丢脸。

在这种忐忑心态的影响下，曼利

后面的比赛发挥非常差，最终竟然输给了男孩。曼利向他的教练——一个著名的职业高尔夫球手讲述了这件事。职业高尔夫球手说：“你不应该被男孩的哭声所动，在赛场上，你只能想到让对手没有任何喘息的机会，并且打翻他，碾碎他。”

对于一个不能居安思危的人来说，真正的危机来得比你想象的快。如果你在职场中过得很安逸，升职加薪的机会可能就会与你渐行渐远；如果你在生意场里过得很安逸，发财的机会就会与你擦肩而过。这绝对不是危言耸听，综观当今世界，企业间更新、淘汰的速度越来越快，呈现出令人眼花缭乱的景象。当一些著名大企业江河日下，难挽颓势之时，一大批中小企业却如旭日初升，光华显现。美国每年创立的四五十万家新企业中，约有一半以上5年之内就会倒闭。企业要想保持昔日辉煌，越来越难了。这不光是企业生存的真相，也是个人生存的真相。从某种意义上说，竞争是一场不进则退、永无止境的竞赛。在激烈竞争中，保持危机意识是一个渴望成功的人必须做到的。

人无远虑，必有近忧，市场是瞬息万变的，要时刻准备着。对未来的事情要有先见之明，必须从长远考虑，防患于未然。

及时刹车，该止步时就止步

一部好车不但要有好的引擎，更要有好的制动。追求成功也是这个道理，不但要知道成功之路怎么走，还要知道在紧要关头停下来。

深圳万科股份有限公司董事长王石说：“万科之所以能走到今天，就是因为有稳定的心态，一步一个脚印。在这个社会上，有很多事情是没法超越的，不是你想多快就能多快。”

一个富翁教儿子开车。富翁说：“你看到我怎么开了吧，你不要管这车是什么牌子，值多少钱，这和开车没关系，你只要记住一点，遇到状况就踩刹车。”

5分钟后，儿子成功地把一辆豪华奔驰撞到了路牌上，吓得一句话也不敢说，富翁却利用这个机会说了一段非常有说服力的话：“你看到了吧，不刹车就会失控，而失控是最坏的情况，因为没有人知道失控以后会发生什么，开车是这样，做生意也是这样，在不清楚周围情况的时候就要刹车，随时刹车！”

随时刹车，就可以让我们知道自己在哪里，让我们知道做的事情是对还是错，可以让我们不过于情绪化进而客观地分析问题，随时调整计划。有些人取得一些成就后，容易犯好大喜功、急于求成的冒进错误，急于走得更远、爬得更高。

事实上，过于雄心勃勃的发展计划可能会使你陷入困难的境地，这是很多创业者、企业家破产倒闭的最常见的原因之一。很多公司的经营者在获得成功之前，都有过一段艰苦创业的历史。他们在困难面前能够保持乐观态度和坚强信心，但是在公司进入发展阶段后，其中一些人往往头脑发热，忘乎所以，盲目求快求大，使公司受到重大经济损失。

艾某是一家经营得十分出色的机电设备制造公司的总经理，聪明能干而又精力旺盛。一次，他的一位债权人怂恿他将股票上市，筹集资金兼并另外两家公司，并建议他将这三家私营公司组成“艾氏实业集团”。不幸的是，艾某本人以及他的管理班子都没有对经营新公司做好充分准备，也没有掌握收购来的新公司的专业技术和管理经验。结果，致使收购后的两家公司都陷入困境，最后停业清理。

当今的社会是一个开放的社会，开放的社会为人们提供众多发展的机会，机会多诱惑就多，诱惑多了，心就容易乱，心乱表现在行为上就是忙碌失措。股神巴菲特有一句名言：“在别人贪婪的时候谨慎一些，在别人恐惧的时候大胆一些。”

二战后，松下幸之助接手了一家濒临倒闭的缝纫机公司。起初，他把问题想得过于简单，认为这个公司是经营不当所致，自己有能力让它起死回生。然而，操作起来才发现事情远远没有自己想

象得那么容易。他经营电器得心应手，对缝纫机却一窍不通。他不擅长此方面的业务，而且竞争对手林立，看上去完全没有获胜的机会。

意识到这一点之后，松下果断地承认了自己的决策失误，关闭缝纫机公司。虽然，已经费了一番工夫，财力、物力、人力都会有些损失，但总比继续毫无希望地硬撑下去合算。

不只这次，松下还有一次更大的“撤退”。1964年，松下在大型电脑制造方面投了十几亿日元的资金，并且已经研制出样机，达到了实用化的程度。当时，日本有包括松下的7家公司都在从事大型电脑的科研开发，而市场却远不那么乐观，继续下去，势必形成恶性竞争的局面。松下认为，与其恶性竞争而两败俱伤，还不如早些退出来为好，于是他毅然退出竞争。后来的事实证明，松下撤退这步棋走得很正确。直到今天，家用、小型电脑长足发展了，大型电脑却比较冷清。

成功的路不是狂奔不止，而是有缓有急。要随时准备停下来，尽管有时候决定不做比决定要做更难，放弃比抓住更需要决心。

合理计划，凡事三思而后行

成功人士往往做事果断，但是果断与武断有着根本的区别。深思熟虑之后快速行动是果断，思考不周贸然行事就是武断，是成功的大忌。

成功这件事不能急，一急就容易忙中出错。生活节奏再快，挣钱的节奏再紧，你也要留出时间让自己思考。特别是为自己制订下一步战略的时候，更要三思而后行。穷人和富人的区别往往在于：富人决策慢，做事快；穷人决策快，做事慢。快慢仅仅差那么“一点儿”，结果可就完全变了。

做任何事，特别是战略角度的，关系到下一步该怎么走时，一定要三思。多想，考虑周全些，就可以尽量少走弯路。遇到意料之外的情况就不会惊慌。

某人准备买房子结婚，跑了3个多月最后在朝阳区买了一处房。一年后又后悔了，原因是后建成的地铁站离他家较远，而他当初看房时，有一栋楼就在地铁站旁边，而且价格一样。北京地铁站的建设，在城市规划部门有公开的资料可以拿到。只要花两

小时就能把今后5年的城市规划建设搞得一清二楚。可这个人跑了3个多月，却没想到去看一看城市规划建设的计划。只是随意打听身边的朋友，东一句，西一句的。他从一开始就没有制订出一份完整的计划来买房，所以后悔也就不奇怪了。

就是因为做事之前没有周全的计划，在我们生活中，才出现了这两种人：一种人是整天忙忙碌碌，一天到晚“满头汗”地做事，他们忙得没时间洗脸，没时间把头发梳理整齐，衣服穿得乱七八糟，吃饭也没时间，也没时间陪伴孩子和妻子，日子也过得紧巴巴的。另一种人也是忙碌，但办事很有章法，有节奏。你能看到他衣着整齐干净，有时间喝茶，陪孩子玩游戏，但日子过得很富足。二者的区别就是在于做事之前有没有动脑思考。

工作和生活的道理往往是相通的。生活乱糟糟的人，工作往往缺乏条理，不易成功。生活井井有条的人，工作也会顺顺利利，简洁高效。这就是思考的作用。思考的要点是从现实出发，充分利用现有的各种资源，包括技能、人际关系、知识、经验、资金等。

举例说，你看到有人新开一家炸鸡店，在没有好好计划之前，你也急急忙忙开炸鸡店，从租房、装修、请人等，你花了很多钱，但半年后，满城都是炸鸡店，没办法只好关门。忙了大半年，贴了一笔钱。这就是没有策划和计划的后果。

假设你要创业。你的三年规划是在第三年年底，开出自己的咖啡店，也可能是小餐馆、服装店、鞋店、电脑维修或水果店。

你至少要想到以下几步:

第一步:开始行动，先找一个在咖啡店工作的机会(在两个月内完成)。

第二步:努力工作，每天多工作一小时而不要工资，同时积攒每一分钱准备开店。

第三步:学好咖啡制作和店铺经营的知识，技巧(在百忙之中也要研究相关的资料， 在一年内完成)。

第四步:准备好启动资金20万元人民币(在两年内完成)。

第五步:咖啡店开张(起名字找店面等，均在一年内完成)。

要成功，就得多动脑子，底子薄不怕，思考可以帮我们加固厚度。从白手起家的小生意开始，把小生意做成大生意，中间有太多的因素，太多的环节，如果你不能静心把这些想清楚，做到位，就无法取得成功。

张瑞敏说过，做生意三只眼，看天看地看久远。这样的“眼力”是需要动脑筋思考、从现实中多总结得出来的。

谨慎取舍，敢于说“NO”

成功人士绝对不是“见钱眼开”“见机会就上”，相反，他们总会在作决定之前谨慎判断。他们觉得把握不足或者形势不好时会忍痛说“不”。

“看见10只兔子，你到底抓哪一只？有些人一会儿抓这只兔子，一会儿抓那只兔子，最后可能一只也抓不住。CEO的主要任务不是寻找机会而是对机会说NO。机会太多，只能抓一个。我只能抓一只兔子，抓多了，什么都会丢掉。”

这是马云的名言。不管你是在打工还是在创业，你都是自己的CEO，所以，要对摆在面前的机会作出理性的判断。长在脖子上的脑袋体积是有限的，如果没有“放弃”，那人脑也许经不住负荷会随时“爆炸”！因为每天的信息与事情太多，多得让人无暇顾及。市场经济的第一课就是放弃，没有放弃就不能有效地利用资源。生意上是这样，用人上是这样，投资上也是这样。

华立集团董事长汪力成就曾经因为没有对机会说“NO”而走了很大一段弯路。

20世纪90年代初，在汪力成带领下的华立集团初次尝到了多元化经营的甜头，各种赚钱机会摆在眼前时，汪总有些应接不暇了，他将大把资金分别投向12个行业，包括房地产、食品饮料等。然而，到了1995年，分散投资、盲目立项、管理失控等弱点开始暴露出来，子公司之间的债务、担保搅成一团乱麻。

聪明人会在犯错后及时醒悟，并及时回头。敏锐的汪力成在觉察到自己的决策失误后，立即对华立的发展战略作了重新定位，坚决地将原来华立在12个行业的23家企业收缩为3个优势产业的4家公司，并将精力集中在华立的优势产业——电能表。

果然，两年后，随着中国“两网”改造的开展，电表的销售量大增，公司效益一下子就增长了不少。

事后，汪力成这样总结自己的得失成败：“机会太多，总是容易让自己乱了阵脚，但是对商人来说，乱了阵脚并不可怕，关键是要及时地反应过来。一个没有犯过错误的人，不能算是一个成熟的人；一个没有犯过错误的企业家，不能算是一位真正成熟的企业家。要敢于对机会说‘NO’。”

不管是通过创业取得成功，还是通过打工取得成功，人都会在说“不”的问题上纠结很久。这也难怪，选择往往是很难的，事情关系越重大，作决定就越难。创业经商要敢于说“不”，职业道路的选择上也要敢于说“不”。

安·莫尔是世界著名的时代集团的CEO，同时也是全球著名的女企业家，多年占据着《财富》杂志最具权威女企业家的前20名。这位“杂志女皇”辉煌的职业生涯，就从说“不”起步。

1978年，安·莫尔修完了哈佛商学院MBA的课程，手头一下子接到了13个工作录用通知，时代集团和美国速递都在其中。这该怎么选呢？通常的观点是，要去薪水高、品牌大、待遇好的公司。而且，对于哈佛商学院精英来说，“薪水”当然是焦点问题。当时，美国速递给出的待遇十分优厚，还给了安·莫尔一张免费的金卡；而时代集团给出的工资待遇最低，职位仅仅是最基层员工。

按照常规的观点，那当然选择美国速递了。然而，安·莫尔思索再三，却对其他12家高薪企业都说了NO，唯独选了待遇最低的时代集团。当时，她有很多助学贷款要还，经济压力不算小。更要命的是，其他同学都是“高就”——高薪高职，搞得她连同学聚会时都不好意思。同学们都问她：“你疯了吗？为什么这么做？”安·莫尔回答说：“只有一个理由，因为我喜

欢杂志。”美国时代集团是全球最大的杂志集团，包括《时代》杂志、《人物》杂志、《InStyle》《体育画报》等都是当时，也是目前最强的杂志。安·莫尔的目的很明确，进入那个集团，扎扎实实学起，成为杂志界的领军人物。就这样，一毕业，安·莫尔就去了纽约，加入时代集团，从一名普通员工做起，并且一直没有跳槽。安·莫尔把《人物》杂志的发行量和收入都翻了三番，并使其成了美国最受欢迎的杂志，发行量最多达到800万，其中80%为订阅户。23年的出色工作业绩，使安·莫尔最终成为时代集团的CEO。

有人问安·莫尔："你为什么这么成功？"她说："我找对了最适合我工作的地方。"很多人面临着鱼和熊掌的选择，进大公司还是小公司，打工还是创业，要薪水还是要职位，要面子还是要实惠……成功路上，最大的成本就是选择，你值得在这上面多一些开销，因为这是在为未来的路奠基。

思考自己的前途，必须深谋远虑、洞若观火，在繁乱的机会当中找出最适合自己的，舍弃看似诱惑力更大却不适合自己的。只有在混沌阴暗之中找出真正的答案，在别人被机会诱惑之时做到"我独醒"，敢于对其他的机会说"NO"，才能成功。

Part 05

学不止步：钻研终身，持久发展

学习永无止境，

进步永不终止。

每个人都要拥有一颗持久钻研的心，

这样，

我们的未来才不会是梦！

05

缺啥补啥，定期丰富专业知识

成功人士都有强大的学习能力和快速消化的能力，发现自己缺什么就尽快去学什么。对于渴望成功的人来说，发现“漏洞”而不去“打补丁”，就要面临被“淘汰”的危险。

很多人感慨，进了职场之后发现自己以前学的知识基本用不到，跟专业也相差十万八千里，这种认识有一点儿片面。确实是有些人做了跟自己所学专业相去甚远的工作，但是他们必须做的一件事就是“恶补”专业知识，缺什么补什么。

吴士宏从IBM跳槽到微软之后，就曾经恶补过“数字”课。微软的年中总结和年底总结都是厚厚的几十页数字表格，管理风格上也都量化为数字，很多东西都用数字去衡量。而吴士宏从小就害怕数字，她看到表格就晕。但是没办法，为了做好工作，她就得强迫自己去看，睡前熄灯的时间也用来看表格，看得自己直犯恶心。后来她终于熟悉了这种报表方式，并且娴熟地把它运用到工作中。

每一位职场精英，不管是哪个行业的，坐什么位置，都必然是某一方面的专家。没有谁是靠红嘴白牙“忽悠”得来的成就。

Sam在美国某大型企业任常务副总裁，出国前所学的专业是企业管理，可是到美国之后，他的第一份工作只是一个仓库保管员。若是按照一般思路，这工作毫无前途可言。然而，Sam硬是把这份常人看来难有作为的工作做得有声有色。是专业知识给了他强大的信心，他坚持认为，自己是学管理出身，即使是“管理”仓库，也要做出企业管理的水准，把自己的管理知识跟手头的工作紧密联系，一定会有新的突破和成就。

下定主意之后，Sam以货物的流通为切入口，通过各种货物的流通速度评判公司各项业务，找出周转缓慢需要调整的业务，并不

断上交分析报告。他这么做完全出于主动，把公司的问题当作自己的问题，所以10年间，他从管理员做到了副总裁，掌握着100亿美元的资金。他虽然没有学过MBA，但是时常被大学邀请去做MBA讲座。

奋斗就是这样，没有不景气的行业，只有不景气的企业；没有淘不完的金矿，只有永恒的技能。艺不压身，手里有过硬的业务本领，你就具有了向财富进军的本钱。

补充专业知识，可以借助企业的培训来实现，也可以自己选择一些课程来进修。一般来说，企业都会针对员工进行岗位技术培训，但是这些是针对大多数人来说的。员工个人有所追求的话，还需要“吃小灶”，也就是自己多充充电，选择自己更适合的培训课程。

成功锦囊

没时间去“充电”的人，总会有时间“死机”。所以，不要吝惜补课、培训的学费和时间。工作之余去学习确实很累，但是累过那几天，总好过以后受累那几年。

与时俱进，树立终身学习的信念

“今天不学习，明天就要被淘汰。”这是所有成功人士公认的信条，已经成为国际准则。不管你在哪个圈子里求发展，充电都是必修课。活到老，学到老，扎扎实实走好每一个脚印，这就是摆在你面前的形势。

人终身学习，讲的是人一生都要学习，也就是我们通常说的“活到老，学到老”。从幼年、少年、青年、中年直至老年，学习将伴随人的整个生命历程并影响人一生的发展。这是不断发展变化的客观世界对人们提出的要求。不学习，一个人就无法认识和改造自然，无法认识和适应社会。

学习的作用不仅仅局限于对某些知识和技能的掌握，学习还使人聪慧，使人全面发展。实践无止境，学习也无止境。古人云：吾生而有涯，而知也无涯。当今时代，世界在飞速变化，新情况、新问题层出不穷，知识更新的速度大大加快。人们要适应不断发展变化的客观世界，就必须把学习从单纯的求知变为生活的方式，努力做到活到老、学到老，终身学习。

犹太民族被称为世界上最精明的民族，他们人数不足2000万，可对世界的影响却无处不在。无论是文学艺术、商业经济还是自然科学，它都产生了许多令人敬畏的巨人。尤其是犹太裔的思想家们，更是影响着全人类的历史进程。被人们熟知的马克思、爱因斯坦、弗洛伊德都是犹太人。他们智慧的源头在哪里？两个字：学习。

每一个犹太人家里，当小孩稍微懂事时，母亲就会翻开《圣经》，滴一点蜂蜜在上面，然后叫小孩去吻《圣经》上的蜂蜜。这仪式的用意不言而喻：书本是甜的。

1989年开始创业，当时只有25岁的张悦如今已成为远大空调集团的总裁，坐拥2亿美元以上的资产。对于自己所取得的重大成就，张悦用座右铭解释道："要孜孜不倦地追求知识。当然这里不是指那种很刻板的知识，还包括生活方式的认知品位和感受，这是决定一个人是否幸福的重要方面。要在知识中找到美感，体会到享受。"

刘汉元，四川人，全国政协委员、全国民营企业家杰出代表，通威集团总裁。创业18年，他使自己成为国内最大的水产饲料及主要畜禽饲料的生产商，并不断向着世界水产业霸主的地位冲刺。2002年，他被《财富》杂志评选为全球40岁以下最成功的商人，而在全亚洲，也仅有13人获此殊荣。刘汉元的集团一共有4000多名员工，管理如此大规模的企业，刘汉元的时间是非常紧张的，他的办公桌上总是摆满了各种各样留给他批阅的商务文件。然而，不管如

何忙碌，他都会抽出时间，在每个月的月底到北京大学光华管理学院参加EMBA班的学习。

那些大老板尚且如此，你作为一个渴望成功的平民草根怎能倦怠？

有一个著名的企业家陈茂榜，他的演讲经常折服所有的听众。事实上，陈茂榜只是小学文凭，但他却获得了美国圣诺望大学颁发的名誉商学博士学位。一个只有小学文化学历的人，是如何获得名誉博士学位的呢？

我们看看他是如何学习的。陈茂榜15岁辍学到一家书店当店员，每天要工作12小时。可是下班以后，书店改成了书房，读书就成了一种享受，遨游于书海之中快乐无比。日子一久，他养成了每晚至少读两小时书的习惯。于是，他在书店工作了8年，也读了8年书。

陈茂榜深有体会地说：“记住这样一句话，一个人的命运，决定于晚上8点到10点之间。”

从陈茂榜的例子可以总结出一个真理：白天图生存，晚上谋发展，这是在21世纪渴望成功的人需要遵循的最起码原则。

当今时代，世界在飞速发展，知识更是日新月异，人们要适应变化的世界，就必须努力做到活到老、学到老，要有终身学习的态度。就连当保姆的小阿姨都得学会如何使用洗衣机、微波炉甚至电脑，不然做不了主顾家的“现代化家务”。如果你想进步，想成功，想实现出人头地的梦想，就更不可能怀揣一纸文凭吃一辈子。

成功锦囊

有人认为，只是“活到老，学到老”还远远不够，比尔·盖茨就讲过一句话：在21世纪，人们比的不是学习，而是学习的速度。未来社会的竞争，必将会从今天的人才竞争转向学习能力的竞争。

时常反省，吸取经验教训

反省的过程就是学习的过程，自我反省的能力，决定你能否认识并改正所犯的错误。

金无足赤，人无完人。人活在世上，谁都难免有这样或那样的缺点和犯这样那样的错误，谁都难免有丑陋的一面。就连牛顿都宣称，他一生中的错误占到90%，那么我们普通人身上的错误就更不用说了。

所以你要学会跳出自身反省自己。古今许多伟人，就是通过反省来战胜自己内在的敌人，打扫自己思想深处的污垢尘埃，减轻精神痛苦，从而净化自己的精神世界。

18世纪法国伟大的思想家、文学家卢梭，在少年时曾经将自己极不光彩的盗窃事情转嫁到一个女仆的身上，致使这位无辜的少女蒙冤受屈，并被人解雇。后来这件“卑鄙龌龊”的事情，使他深深地陷入痛苦的自责中。他说：“在我苦恼得睡不着的时候，便看到这个可怜的姑娘前来谴责我的罪行，好像这个罪行是昨天才犯的。”

后来，卢梭在他的著作《忏悔录》中，对自己作了严厉而深刻的批判。他敢于把这件“难以启齿”而抱恨终生的丑事告诉世人，也显示了他勇于忏悔的坦荡胸怀和不同凡响的伟大人格。

一般来说，能够时时反省自己的人，是非常了解自己的人。他们会时时考虑：我到底有多少力量?我的缺点在哪里?我有没有做错什么……这样一来，他们就能够轻而易举地找出自己的优点和缺点，为以后的行动打下基础。

加拿大工学院的毕业典礼不同寻常，伴随毕业证一起发的还有一枚校耻纪念戒指。这个传统来源于一个教训。该校毕业的一名毕业生曾经建造过一座铁桥，因计算失误而导致铁桥断裂倒塌，事故使得学校的声誉受到了损害。学校领导得知此事后，在感到羞耻之余，也为了警戒后人，于是花重金将报废的铁桥买下，制成了百万枚校耻纪念戒指。每年该校学生毕业时，校耻纪念戒指与毕业文凭一起发给每个人，提醒大家要时刻反省自己，在工作中要尊重科学，敬业精业，避免桥毁人亡的事故再次发生。

是人就会犯错误，就会有迷失方向，认错形势的时候。那么这个时候，一个人能否自我反省，是否善于自我反省就显得尤其重要了。套用一个时髦的句式：“犯错不是错，犯了错不反省才是真的错。”

反省是人生重要的功能，它是一种自我检讨的活动，还是一种学习的能力，是认识错误、改正错误的前提。反省的过程就是学习的过程。有没有自我反省的能力，具不具备自我反省的精神，决定了你能不能认识并改正所犯的错误，能不能走向成功。

美国通用公司的CEO韦尔奇尽管工作很忙，一到星期六晚上，他都会把自己关在书房里，安安静静地拿出一晚上的时间来检讨反思自己：这一周在工作上有什么没做好的地方，哪些地方今后应该加强管理，自己有没有没经过认真思考就作出主观决定的案例？对于这每周必做的必修课，他的理由是：若每年检查一次实施成果，则一年只有一次机会可以改正错误；若每月检查一次，则一年有12次机会改正错误。因为韦尔奇的工作实在太忙了，所以只能一周一次。也正因为这一周一次的自我反省，韦尔奇才能领导着危机重重的通用公司一步步走向辉煌。

就算在平时看似风平浪静的时候，也要时刻反省，因为“千里长堤，溃于蚁穴”，潜在危险的因素发展大了，再挽救就来不及了。要做到防微杜渐，就得“一日三省其身”，这样才能时时刻刻保持清醒的头脑。

成功锦囊

人生最大的敌人是自己，只要能战胜自己的缺点，就能够战胜整个世界；人生最好的朋友也是自己，只要懂得发现自己的潜质，就能提高自己的才能。要想认识自己，就需要运用人生智慧，反观内心，反省己身。

不甘平庸，竭力追求卓越

什么叫作成功？把平凡的事情做到不平凡，就称得上成功。所以，即使目前处在最基层的岗位上，也不能放弃追求卓越品质的理想。只有这样，才有可能从基层走向高层，由平凡走向卓越。

老人在教育年轻人时总爱说："吃得苦中苦，方为人上人。"真正能把这句话"吃"透的人恐怕不多。成功人士与常人最不一样的地方，就是他不但明白"吃苦"的含义，还能身体力行，"吃"下生活中的"苦"，用自己的辛劳酿造真正的"甜"。

电脑专家范光陵先生在美国获得斯顿豪大学的企业管理硕士学位，获得犹他州州立大学的哲学博士学位，后来又专攻电脑。他很早就写出了一本《电脑和你》的通俗读物，畅销于台湾和东南亚。他又在国际上奔走呼号，推动成立了电脑协会，举办过电脑讲座，召开过电脑国际会议，还到处发表关于电脑的演讲。由于他在这方面的突出贡献，泰国国王亲自向他颁发电脑成就奖，英国皇家学院也授予他国际杰出成就奖。

就是这样一个天才人物，刚毕业到美国时是在社会底层打工吃苦才熬过来的。刚开始时，他在一家叫汤姆·陈的餐馆打杂。倒垃圾、刷厕所、洗盘碗、切洋葱、剥冻鸡皮……每天像个陀螺一样忙得团团转。餐馆里的人大大小小全是他的上司：大厨、二厨，连资深杂工都是上司，谁都可以对他指手画脚，动辄训斥或随意捉弄。他在两年里打过各种各样的工——洗盘碗、收盘碗、做茶房、卖咖啡、做小工、做收银员、售货员……他曾穷到口袋里没有一分钱，整天只喝清水，咽面包屑，但他仍然不停地思索着，摸索着，想找出一条路来。后来，功夫不负有心人，他做到了，挣了钱，上大学，念研究生，终于走出了一条自己的路。

这个动人的故事告诉我们这样一条人生规则：暂时的平庸不代表永远平庸，一时的背运不代表永远不能翻身。人要有追求卓越梦想的信念，即使目前处在一个二流的平台上，也要努力做出一流的成绩。

李嘉诚可谓是大家心目中标准的“富豪”，他也是从不起眼的小打工仔位置上做起的。14岁的时候家道中落，李嘉诚被迫离开了心爱的学校，到中南钟表公司当泡茶、扫地的小学徒，17岁时开始在玩具厂当推销员，香港人称之为“行街仔”，但是3年后他就成了这个厂的总经理。有了这些打工经验积累之后才是他传奇般的创业生涯。

“分众广告”创始人江南春大学二年级的时候就开始打工，一个影视公司到江南春的学校招业务员，他去应聘做了一名兼职推销员，一个月能做好几个客户，业绩相当不错，到了大三时一个人就做了公司近1/3的营业额，约150万元，不久后就成为这家公司的“二老板”。这段打工生涯成为他日后创业的铺路石。

今天提到“聊天”，跳入大家脑海的八成是“QQ”这个概念，而QQ的创始人马化腾也是打工仔出身。他在深圳大学计算机专业毕业后进入了润迅通信发展有限公司，刚一开始仅仅是个专注于寻呼软件开发的软件工程师，后来一直做到开发部主管的位置。正是在打工的过程中， 他接触到了以色列人开发的ICO即时聊天软件，预测到这种聊天方式潜在的升值空间，才着手创建自己的“腾讯”。

看了这些人的奋斗履历，我们应该有更加坚定的信心去追求自己化茧成蝶、破蛹而出的美好明天。平庸的现在说明不了什么，勇于自我超越，大胆改变现状，努力去创造更好的生活，有这样的雄心壮志，人才可能成功。

成功锦囊

要调动起自己的积极性，让自己的热血沸腾起来，告诉自己：我是潜龙在渊，我能够做到最好！条条大路通罗马，你既然没有含着金汤匙出生，就要凭借自己的双手为自己打造出金汤匙、金饭碗。

戒骄戒躁，保持一颗平常心

成功固然可贵，但并非片刻就能抵达。在追求成功的路上，有很多艰难险阻破坏我们的信心，有很多光怪陆离的诱惑扰乱我们的心智。我们需要戒骄戒躁，保持一颗平常心，用最平静的心态看待每一次成绩和失败，才能得到最后的成功。

达·芬奇是欧洲文艺复兴时期意大利一位卓越的画家。他从小就显示出卓越的绘画才能，14岁的时候到意大利名城佛罗伦萨，拜名画家弗罗基奥为师。弗罗基奥不仅懂绘画，也懂雕刻。达·芬奇满怀期待，希望自己跟着弗罗基奥学到最了不起的绘画技能。

第一堂课，老师拿来一个鸡蛋，往桌子上一放，吩咐达·芬奇照着画，然后便去做自己的事了。刚开始，达·芬奇还挺听话，照着鸡蛋认真地画，可没过多久，达·芬奇就不耐烦了，他对老师说："老师，为什么总让我画蛋啊？到底什么时候才能画完呢？"老师严肃地对他说："要先学好画蛋，因为这是熟练手法和笔法的基本功。要画好蛋，就要认真地观察它，学会从不同的角度来画它。"

就这样，达・芬奇埋下头去，不去想以前自己画过的作品，也忘掉成为大画家的梦想，扎扎实实画那个看上去平淡无奇的蛋。他全神贯注地、日复一日地去观察桌子上那个平平凡凡的鸡蛋，从前面、后面、左面、右面等不同的方向去观察。日子一天天过去，达・芬奇的画本上画满了大大小小的、形状不同的圆圈圈。达・芬奇画鸡蛋用的草纸，已经堆得老高了。

有了坚实的基础，达・芬奇的绘画水平也如虎添翼。一次，老师让达・芬奇在自己的作品《基督受洗图》上画一个天使。达・芬奇拿起笔来就画，只三两笔，一个可爱的小天使就跃然纸上了。正是因为有了那种耐得住寂寞的精神，因为有了“画蛋”的磨炼，达・芬奇打下了坚实的根基。他没有像其他青年画家那样急着成名成家，也没有着急去卖画挣钱，而是认认真真耕耘着自己的作品。经过长期艰苦的艺术实践，达・芬奇终于创作出《最后的晚餐》《蒙娜丽莎》等许多名画，成为一代宗师。

有些人难以成功，在于看不清自己有几斤几两，找不到自己正确的位置。或者妄自菲薄，或者自高自大。其实，这也是缺乏平常心的表现。

星云大师在他的《宽心》一书中讲过这样一个小故事：有只老鼠在佛塔安家，每天享受丰富的供品。每当善男信女们烧香磕头时，老鼠就暗笑：人类不过如此，说跪就跪下了，处在我的脚下呢！一天，野猫闯进来，将老鼠抓住。老鼠连忙声明：“你不能吃我，你应该向我跪拜，我代表着佛！”野猫讥讽它：“人们跪拜，是向着你所占的位置，不是向着你！”

老鼠的下场可想而知。它犯了什么错误，使自己葬身猫腹？那就是不知道自己的身份，高估了自己的地位。星云大师说过：“人生关心的问题很多，其中有一个最令人挂念的事，就是自己的地位如何。诸如在家庭里的地位、在公司里的地位、在朋友中的地位、在亲人中的地位等，总要求得到一个合乎自己身份的地位。”这个地位，是别人给的，却是自己受用着，地位高，自己很高兴；地位低，自己就难过。总之，人的喜怒哀乐会被别人给的这个“虚”的东西左右着，人却很少扪心自问：这个地位是真实的吗？如果能够用平常心来反观自己，把自己放到一个客观的位置上，就不会患得患失，好高骛远了。

成功锦囊

平常心，是一种别样的上进心。心如止水，宠辱不惊，就能更加专注于手头的工作，兢兢业业，把每一件事做到最好。当别人急功近利、争名夺利、为一点儿小成绩欢呼雀跃时，你不为所动，戒骄戒躁，沉下心去，认真雕琢，总能做出更加辉煌的成绩。

取人之长，做“集大成者”

我们常常看到那些成功人士谈笑风生、无所不知，他们的脑子又不是电脑，为什么能储存那么多知识？别无他法，就是多留心，多注意，把别人的长处借鉴到自己身上来，发扬光大。

每个人都有优点和缺点，我们要学会取他人之长，补自己之短。也就是说，我们要学会借鉴他人的优点，把它用在自己身上，并且发扬光大。那样，我们才会完美。有一个名人曾说过：“月亮偷走了太阳的光，但它拥有阳光不可替代的价值，月亮的地位便得到了人们的认可。”由此可见，取人之长用在自己身上同样可以得到别人的认可。

但是，取人之长绝对不是照搬照抄。东施效颦只能惹来笑话。

一位官吏的母亲死了，他找来一位秀才，让他为母亲写一篇祭文。秀才拿出一本《祭文大全》，选择了其中的一篇，认真地抄写一遍后，就交给了官吏。官吏很马虎地扫了一眼，觉得不错，就急忙把它挂到母亲的灵堂前。官吏的父亲上前看了一遍，发现这

篇祭文是祭祀父亲的，一下子就气昏了过去。官吏找来秀才，狠狠地骂了他一顿。但是迂腐的秀才很不服气，说：“我那本《祭文大全》全是名家的作品，怎么可能出错呢，依我看，怕是你家死错了人吧！”

这样的人只会照抄别人，自己连一点儿判断力都没有，这种借鉴就完全错了，我们借鉴他人要学会把借鉴来的东西正确地运用到现实之中，要有自己的判断力。

古代有一个叫黄慎的人，他很喜欢画画，于是，拜了当时很有名气的画家上官周为师。黄慎画画非常认真，仔细钻研，慢慢变得小有成就。他的几个朋友知道后，就相约来欣赏他作的画。黄慎很骄傲地拿出自己的得意之作，心中满以为能得到朋友们的赞赏，但是，朋友们却都认为这是上官周的画。黄慎急了，反复地解释说明，可是朋友们就是不信。

通过这件事情，黄慎突然意识到：自己跟着上官周学习画画，但是始终是在模仿，所以自己的画实际上体现的是上官周的风格。从那以后，黄慎在跟着上官周学画的同时，开始注意自己摸索，终于形成了自己的风格。有一次，他画了一幅《纤夫》，别人看后都赞不绝口：“这才是你黄慎的画啊。”因此，想要有所成就，光靠“拿来”别人的东西还不够，还要像黄慎那样，学着把拿来的东西转化为自己的东西，那样才算成功。

《诗经》中这样说道：“他山之石，可以攻玉。”我们在借鉴他人的同时，更重要的一点，就是学会如何把他人的东西真正转化为自己的。多留心身边细小琐碎的知识，在学习过程中，你的生活方式也会悄然发生变化，你的认知、品位和感受都会潜移默化地得到升华。培根总结说：“读书可以作为消遣，可以作为装饰，也可以增长才干。孤独寂寞时，阅读可以消遣；高谈阔论时，知识可以装饰；做事处世时，正确运用知识意味着才干。读史使人明智，读诗使人聪慧，计算使人精密，哲理使人深刻，道德使人高尚，逻辑修辞使人善辩。”

除了读书之外，看电影、看报纸杂志、与成功人士交谈等，都是获取点滴知识的好途径。你会在这样的学习过程中找到美感，享受愉悦。久而久之，自己的眼界、思考方式就会发生转变。

成功锦囊

借鉴别人的优点长处也要有所甄别，如果你跟某人的性格相差太大，形成鲜明的对比，很可能把他的长处移花接木过来之后反而水土不服。还是要根据个人具体情况，做有针对性的汲取和消化。

保持微笑，让自信一路相随

有了信心未必能赢，但没有信心一定会输。你需要从言行上拿出“信心”来，使你保持事业的雄心，迎接胜利的曙光。

是什么决定你能否成功？答案是自信。有了自信，你就能熬过苦难期、克服一切阻碍；有了自信，你就能化险为夷、绝境逢生。自信是保持身心健康的一味良药。

“对自己有信心，对未来有信心。”这句话值得你反复读，更值得你大声地读出来。信心是一切成就的基础。信心能给你带来奇迹。很多人不相信“信心”的存在，将信心与幻想、想象混在一起。这主要在于他们不知道信心为何物。信心就是主观世界与客观世界之间的联系环节，是一种精神或心理能力，是一种态度。有了信心未必能赢，没有信心却一定会输。

曾经有人做过实验。把一个身强力壮的男人绑上手脚再蒙上眼睛，让他躺在床上。然后用一硬物在他的手腕上划一下，刚好破点儿皮，但不流血。再用一根水管让水从小伤口经过他的手腕流到地下的一个水盆内，滴答直响。最后告诉他“你的手动脉已经割破了，血正在不停地流”。结果几小时后，他居然感觉自己的血真的快流完了，直至昏迷过去。

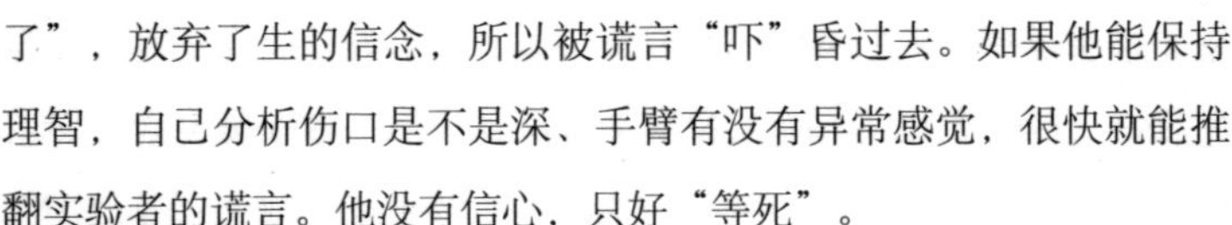

这就是心态的问题。他认定了自己“要死了”，放弃了生的信念，所以被谎言“吓”昏过去。如果他能保持理智，自己分析伤口是不是深、手臂有没有异常感觉，很快就能推翻实验者的谎言。他没有信心，只好“等死”。

所以，你需要从心灵上、言行上、心态上拿出“信心”来。唯有十足的信心，才能使你保持事业的雄心，才能取得成功。

很多人会活在自卑的阴影里：没有仪表堂堂的容貌，没有良好

的家庭背景，没有大城市的户口，没有名牌大学的学历证明，工资太低……跟别人比较了一圈，结果把自己定位在“一无所有，一无是处”的位置上，结果收获的唯一礼物就是自卑。这种自卑又直接导致羞怯，没有热情、慵懒、颓废，这些坏毛病又恶化了原本就不好的现状。如此恶性循环下去，他就彻底没救了。

其实，每个人都有不同程度的自卑感。因为大家在追求成功的路上，免不了眼睛会盯着那些比自己强的人，被他们的光环所笼罩，看不清自己的优点。拿自己的短处比别人的长处，不自卑才怪。

要战胜自卑，你就得客观看待自己的优势与劣势，不要总为自己的起点低、底子薄而灰心。这些是你先天的因素改变不了，但是你可以在后天努力弥补，用知识充实自己，用技能抬高身价。起点高的人用五分力，你用十分力，照样能够成功。

曾经有个推销员衣冠不整、精神委靡不振地去推销尺子。一个商人看到他之后，怜悯之情顿起，就把1块钱丢进卖尺子人的盒子里，准备走开，但他想了一下，又停下来，从盒子里取了一把尺子，并对卖尺子的人说：“你跟我都是商人，只不过经营的商品不同，你卖的是尺子。”几个月后，在一个社交场合，一位穿着整齐的推销员迎上这位商人，并自我介绍：“你可能已经不记得我了，但我永远忘不了你，是你重新给了我自尊和自信。我一直觉得自己和乞丐没什么两样，直到那天你买了我的尺子，并告诉我我是一个商人为止。”

推销员一直把自己当作乞丐，就是因为缺乏自信。从商人的一句话中，推销员认识到了自己的“商人”身份，摆正了心态，以崭新的面貌做事情，所以能够飞快地进步。

这是一个属于年轻人的世界，年轻的意义就在于敢尝试、有豪情、有信心，没有什么可怕的。尝试为成功找到突破口，尝试去赚取创业的第一桶金，尝试去做让你害怕却对你的人生有重大影响的事情……虽然你年纪不大、阅历不深、能力有待提高，但是这些都不应该成为影响你前进的障碍。你就是要摆出“我的地盘我做主”的自信姿态，勇敢迈出每一步，早晚都能叩响成功的大门。

成功锦囊

信心必须得自己建立，不能祈求别人给你信心。没有征得你的同意，任何人都无法让你感到自惭形秽。

敢于吃苦，扎实练好基本功

“吃得苦中苦，方为人上人。”中国的古训用在当今丝毫不显老套。成功之路是用汗水铺就的，能吃苦的人才能有甜蜜收获。

练武和学艺都讲究“基本功”，有很多我们耳熟能详的老话，都跟基本功密不可分，比如，“拳不离手，曲不离口”“冬练三九，夏练三伏”，都强调了基本功训练的艰苦性和必要性。古代传说中那些飞檐走壁的大侠，无一不是从梅花桩这样的基本功练起，逐渐练成武林绝学的。所以，一个人要成功，需要有吃苦耐劳的精神，扎实自己在某个方面的功底。

格力电器总裁董明珠36岁才开始南下打工，从一个一线销售员做起。营销工作对她来说完全是一个陌生的职业。她既不了解商人，也不了解市场，一切都要靠自己摸索。第一次出差，董明珠一个人坐火车赶到北京，不料意外摔伤了，坐骨神经疼得厉害。同行的同事劝她休息一下，她执意不肯。她不允许自己卧床休息，还是坚持跟着同事把这趟差出完了，并由此学到很多东西。

有一次，董明珠在讨债过程中遇到了“流氓”，深深体会了被无赖商人欺骗的痛楚。她独自跑到安徽追债，在被客户“涮”了无数次，苦等40多天，货款终于要回来的时候，这个坚强的女人落下了眼泪，但是她仍然没有喊一句“苦”。

在这种好强而又不服输的精神支持下，董明珠在短短半年时间里，从什么都不懂而成为一个对产品和市场都非常熟悉的业务员。她不但做成了300多万的生意，还熟悉了安装空调的所有要素：房间面积、所处位置、窗口大小，应如何配置多大功率、什么型号的空调，还有空调使用和维护等方面的相关知识。更重要的是，她懂得了要怎样对付不同区域、不同性格、不同品行的经销商。营销对她来说，已经不是一个陌生的概念，而是实实在在、具体的东西了。格力的管理层自然注意到了董明珠这个敢拼敢干，能吃苦不服输的女子。

一个人如果只想着朝九晚五的工作和生活方式，从不愿意在朝九之前、晚五之后去工作的话，不可能取得成功。爱迪生一生拥有1000多项发明，为人类社会的发展做出了巨大贡献，但即便如此，他在70岁以后每天还工作14小时以上。曾经有人问他：你每天工作那么长时间，不感到辛苦吗？爱迪生回答说：“辛苦？我从来没有觉得辛苦，我认为工作是一种享受。”

亨利·彼得森是世界闻名的大珠宝商，他最初接触珠宝行业时只有16岁，是珠宝店的一个小学徒。当时，他的师父卡辛是纽约最好的珠宝工匠之一，同时又是一个目中无人、言语刻薄的“暴君”，他对学徒的严厉简直到了暴虐的程度。亨利就是在这样的

“严师”身边开始练习基本功的。

亨利从“凿石头”学起，他要把一块拳头大小的石头，用手锤和斧子打成10块尺寸相同的小石块，不干完活不能吃饭。亨利从没有干过这种活，看着这一块石头发呆良久也不知如何下手，唯恐一不小心招来师父的呵斥和挖苦。但是别无选择，他只能硬着头皮干。他先把大石头劈成10个小块，然后以10块中最小的那块为标准，慢慢雕琢其他9块。虽说石头质地不是特别坚硬，但是层次非常分明，稍不小心就会把石头凿下一大块而前功尽弃。

母亲看着亨利日渐消瘦的面容和血迹斑斑的双手，实在不忍心让孩子受这种委屈与折磨。但是，对于穷人家的孩子来说，除了靠吃苦谋生，还能有什么选择呢？年少的亨利不让母亲看到自己的眼泪，他倔强地相信，自己多受一些苦难与委屈，终能够学到卡辛的手艺。小小的他心里燃烧起强烈的成功欲望。

后来，亨利学徒期满，自己在外面租用了一张工作台，开始了创业的日子。凭借他出色的设计和精湛的手艺，亨利逐渐在客户中有了名气。后来，他成为举世闻名的大珠宝商，他承认，如果当年不是在师父严厉的调教下打下坚实的基础，他是无法取得日后成就的。

磨难能够使人迅速成长并成熟。没有哪位成功人士是一帆风顺、轻轻松松获得财富和荣誉的。美国6位最有钱的富翁都是白手起家，他们每周平均的工作时间为56小时，而比尔·盖茨更高达80小时。据《洛杉矶时报》报道：意大利人每年有42天带薪假期，法国人37天，德国人35天，英国人28天，而美国人是16天，但实际上他们只休14天，美国劳工统计局的数字也显示，美国人每周工作49小时，加起来每年要比欧洲人多工作350个小时。

成功锦囊

在打基础的时候受苦，总好过日后受苦。趁着还年轻，踏实一些、吃些苦，可以为以后打下良好基础。如果你能容忍在半夜两点被叫醒，并且以“愿意做”的态度去做事，那就是你成功的开始。

边做边学，知识和实践相结合

成功人士不但有学习的习惯，还习惯于把理论知识和实践动手相结合。脱离了实践的理论是苍白的，实践之树常青，而实践又需要理论的灌溉，才能枝繁叶茂。

过去，一个人成功与否，经常被认为是“智商”的问题，智商高的孩子总会受到更多的认可和偏爱，而智商“低”的孩子，似乎与成功无缘。好在，今天这种观念已经有所转变了。人们越来越多地认识到，关系一个人成功与否的因素是多方面的，最关键的可以概括为三点：第一，智商（虽然不是决定性因素，但是不可或缺）；第二，学识（包括各个方面各种类型的知识总和）；第三，动手能力，就是用知识来指导行动的能力。

过于迷信书本知识的人，容易眼高手低，缺乏行动力，也就是我们常说的书呆子。书本知识不是万能的，你所学到的东西必须具有可应用性，能在实际的工作中灵活运用。要在实践中把具体情况跟书本理论很好地结合在一起，灵活运用。在发挥相同的聪明才智的前提下，做得越多、学得越多的人得到的报酬就会越多。

苏铭在本科阶段专业学习法律，他的志向是做一名律师。在学习的过程中，苏铭迷上了法学原理，一发而不可收，他读遍图书馆中所有法学原理的理论性书籍，越读越觉得自己的知识不够用。他每天除了吃饭睡觉就是看法律书籍，同学们戏称他为“法学博士”。然而，到了毕业实习阶段，苏铭遇到了一个超级大难题。他去律师事务所实习，给一位律师做助手，他总是跟这位前辈律师讨论法律方面的理论问题。律师对他说：“如果你想当律师，就要多看案例，多研究一下那些成功的律师是怎样辩护的。除了要熟悉法条，你还要懂得辩护的技巧。”但是苏铭听不进去，一味沉浸在理论的学习当中。

毕业后，老师建议苏铭搞学术研究，不要去做律师。苏铭却不听劝告，执意要走出校门去做律师。现实的残酷程度远超出他的想象，他虽然专业课成绩优秀，熟知法律法规，可是怎样熟练运用这些法律法规为当事人辩护，他完全不懂。苏铭迷茫极了。

有很多人在各自的领域内有着渊博的知识，但是他们的知识在工作、生活中到底起多大的用处呢？是否有效地指导其工作或生活呢？最有效的学习，是在学到的知识与我们真正的需要之间找到适当的平衡点，学以致用，把知识用到日常生活中去。

世界著名的成功学专家拿破仑·希尔曾经聘用了一位年轻的小姐当助手，替他拆阅、分类及回复他的大部分私人信件。她貌不惊人，不多说话，也没有什么特别突出的成绩，她的薪水和其他从事相类似工作的人大致相同。

这位小姐工作的主要内容是听拿破仑·希尔口述，记录信的内容。但是，她非常细心。她常常在吃完晚饭之后还回到办公室读书写东西，加班加点，却从没有拿过加班费。她认真研究拿破仑·希尔的风格，学着他的文风写东西。后来，她替拿破仑·希尔写的回信，简直和他本人写的一样好，有时甚至更好。

就这样，这位看起来普普通通的小姐在拿破仑·希尔身边占据着越来越重要的位置。拿破仑·希尔的私人秘书辞职时，她很自然地接替了这个职位。不仅如此，这位年轻小姐高效的办事效率引起了其他人的注意，有很多人愿意为她提供更好的职位。她的薪水也多次得到了提高，到了普通速记员薪水的4倍。她一边学习一边做事，在工作中自我完善，成了拿破仑·希尔不能失去的帮手。

所以，“尽信书，则不如无书”。学习的知识只有有效地运用到生活和实践中去，才会发挥其效用，否则就是一些死的没有用的东西。当你有机会学习某个专业时，你要问自己：我要学的知识能够用在我的工作中吗?

成功锦囊

最好的学习方法是把你正在学习的内容与你目前和今后的工作加以对比，以清楚你需要学习什么知识才能提高工作能力，学习什么知识才有利于你的全面发展。边做边学，边学边做，学以致用才能相得益彰。

真才实学，赚取成功的机会

花拳绣腿也许能够帮你成就一时，但是日后难免会露出马脚，关键时刻就破绽百出。只有真才实学才能让你走得更远，赢得更多成功机会。

当“厚黑学”“潜规则”这样的东西充斥市场的时候，人们会误以为成功可以靠这样的“捷径”获得。事实上，成功没有捷径可走，真才实学到哪儿都是不可或缺的东西。或许，你可以借助一些营销手段、包装技巧把自己推销出去，但是更多机会还是要靠你的真本事获得。

由于高考失利，孙靖与理想中的重点大学失之交臂，只进了一所一般本科院校，学习计算机专业。他并没有过多纠缠“非名校”身份，而是狠抓学业，把全部心思都花在数据库建设这门技术上。那是他的兴趣，也是他认为以后用处最广的领域，在那一领域他争取做到“老大”。他把自己的大部分时间都用在了这上面，还在课余时间上了一个“数据库”研究生班。而这些，都是他通过自学实践取得的成绩。

大四下学期，孙靖开始到某科研机构实习。研究所里人才济济，没人把一个非名校的实习生放在眼里。开始时，他没有任何工作，只能干坐着。后来，领导看他可怜，就随手扔给他一项工作，并告诉他两个月完成就可以，到时给他出个实习鉴定。以后的3天里，孙靖几乎把所有的时间都放在单位，最终出色地完成了那项工作。当他把任务完成情况报告给领导时，领导吓了一大跳。从此，领导开始对他刮目相看，又给了他几个任务，并且规定的时间很紧迫，而他居然都提前出色地完成了。

实习结束后，研究所的领导到学校招人，点名要孙靖。原来，孙靖实习期间作的报告让高层领导很满意，高层领导就喜欢这种技术过硬、能干实事的人，所以，在班上同学一筹莫展找工作的时候，孙靖轻而易举就进入了一家别人垂涎的科研机构任职。

这就是真才实学赢得机会的典型。试想，孙靖到了更好的单位，就有了更多深造和发展的机会，为下一步的发展打下了更好的基础……多财善贾，长袖善舞，马太效应很快就能发挥强大的效力了。所以，不管时代怎样发展，科技怎样进步，人要有属于自己的专长。就算以后由机器人来充当劳动力，人也要懂得如何操作机器人才行！

现在年轻人都喜欢用QQ聊天，“QQ之父”马化腾其实就是一个靠真才实学成功的典范。早在大学阶段，马化腾的PC水准已令老师、同学刮目相看，他既可以成为各种病毒克星，为学校PC维护提供不错的解决方案；同时又经常干些将硬盘锁住的恶作剧，让学校机房管理员哭笑不得。

大学毕业之后，马化腾成为一名软件工程师，专注于寻呼软件的开发，并一直做到开发部主管的位置上，这段经历使马化腾明确了开发软件的意义就在于实用，而不是开发者的自娱自乐。实用软件概念不仅培养了马化腾敏锐的软件市场感觉，也使他从中赢利不菲。基于他对软件开发的痴迷和专注，才有了后来QQ聊天工具的诞生，才有了后来的“企鹅帝国”。

扎扎实实“学”知识的人，绝对是有显著效果的，因为真才实学能使人睿智、明理，能激人奋发，促人上进，能给人以无穷的力量。让你身价倍增的最佳途径就是牢牢掌握一门技能，而且要超过其他会这门技能的人。你的技能别人学不会、偷不走，那你就是物以稀为贵的稀世珍宝，成功的机会就牢牢握在你手上。有了属于自己的一技之长才可能在众多的竞争者中胜出，为自己赢得出人头地的机会和本钱。

成功锦囊

“知识决定命运”绝对不是虚的。当别人认为你比他们有更多的专业知识、技能或经验时，他们对你会怀有敬畏之心，你也就赢得了尊敬，争取到了机会。

吊足胃口，神秘感帮你提高身价

成功人士都懂得“绷劲儿”，明明心里很乐意，脸上却不动声色，或者故意犹豫。这样能够让对方觉得自己给的价码还不够高，从而主动加码。

人都有这样一种普遍的心理：得不到的东西总是最好的。因为想象力比视力的能量更大。所以，聪明人往往会在必要的场合“绷劲儿”，不管心里再怎么高兴，脸上也不会露出来，而是让对方主动反思自己的所作所为。这就是“吊胃口”。

心理学中有一种升值规律，即越是得不到的东西，越是值得朝思暮想。最常见的例子就是恋情。

男孩子在追女孩子的时候，如果那个女孩对他不理不睬，他反而会采取更加猛烈的攻势。相反，如果女孩热烈地回应，并且投桃报李地对他付出很多，男孩会很快失去兴趣，甚至逃得远远的。女孩还搞不懂原因，闷闷地问：“你为什么不像从前那样珍惜我了？”

聪明的女孩在任何男孩子面前，都不会表现得太过于焦急。

你要让对方以为除了他以外，你还有其他的男朋友。男子天生好竞争，如果他不能为你而竞争，他很有可能会去找一个比较具有挑战性的女孩。

这个恋爱中“欲擒故纵”的吊胃口方式，完全可以应用到成功学中。如果你是人才，老板渴望用高薪或者高职留住你，不管你多么乐意，也不要满口答应，要拖一拖，绷一绷，吊吊他的胃口。如果你手中有批好品质的货物渴望出手，也可以适当绷一绷，让买家买不到，主动给你加价。这些都是“利用神秘感提高身价”的策略。

我们都知道刘备三顾茅庐请诸葛亮出山的故事，后来，刘备在诸葛亮的帮助下，果然正是按照在茅庐中计划的那样，强借荆州，智夺西川，建立了蜀国，三分天下，鼎足而立。

你有没有想过，像诸葛亮这样一个人，有经天纬地之才，治国安民之术，克敌制胜之法，为何深藏不露？为什么一定要等着刘备上门来找他？诸葛亮为什么要刘备三顾茅庐后才与他见面，而且从秋末到早春，拖延数月？这正是诸葛亮在吊刘备的胃口。

诸葛亮之所以迟迟不出山，之所以不投靠曹操、孙权，是因为他绝不是只想当一个普普通通、可有可无的军师。他要做独一无二、一人之下万人之上的“顶梁柱”，像吕尚、管仲那样的股肱之臣。这样的“大人物”，岂能让刘备轻而易举请到！

诸葛亮要折腾刘备三次，首先就是要考察一下刘备的诚意，看看他是不是很迫切地要聘用自己。如果刘备抱着一种见不着就拉倒的态度，那就表明自己在他心目中没有地位，当然也就不会

得到什么“高薪水，高职位”，诸葛亮自己的政治抱负也就无法实现。刘备的三顾茅庐打消了诸葛亮的顾虑。第二个原因，就是诸葛亮需要留出充分的时间准备自己的“隆中对”，这相当于面试时的“自我陈述、职业规划”，在未来老板面前，自然要好好表现一番，争取得到面试的高分。等到刘备第三次来访时，诸葛亮不仅已经胸有成竹，而且连未来国家的蓝图都画出来了。所以，他一下子就成了刘备非请不可的人才，成为不可多得的“金牌经理人”。

太容易得到的东西，往往得不到珍惜，而总也得不到的东西，常常被认为是最好的。这是人们普遍的心理。所以，当我们需要为自己抬高身价的时候，一定要多留点神秘，像诸葛亮对待刘备的来访那样，吊一吊对方的胃口，这样你才能得到对方足够的重视。

吊胃口，可以尝试从以下几个方面进行：

(1)要多说“忙得很”“时间不够用”，让人觉得你很成功。如果对方说“哇，那真是辛苦啊”或者“没关系，能者多劳嘛”，你要谦虚地回答：“唉，劳碌命啊!”口头上是抱怨，内心却存着炫耀。

(2)写满你的通讯录和笔记本。如果把写满通讯录、备忘录的记事本有意无意地拿给别人看，就会给对方造成这样的感觉：“此人真能干呢!”因为在人们眼中，整日繁忙、交际广泛的人大多不是无能之辈。这就能造成万人求的印象。

(3)大谈你的宏图大略，美好未来。不是空洞地吹嘘，而要有理有据，做出像“隆中对”那样客观的分析。让对方相信你是有规划、有追求的人。

灵活运用上面三个方法，可以帮你塑造一个“香饽饽”的形象。对方总要高看你一眼，至少，也要把你当成潜在的合作对象，你的身价无形当中就提高了。

成功锦囊

“绷”和“吹牛”可不一样。云山雾罩地海吹一通只会让对方觉得你这个人不靠谱，吊胃口靠的是心劲儿，欲说还休，欲盖弥彰，让对方总想更进一步靠近你。

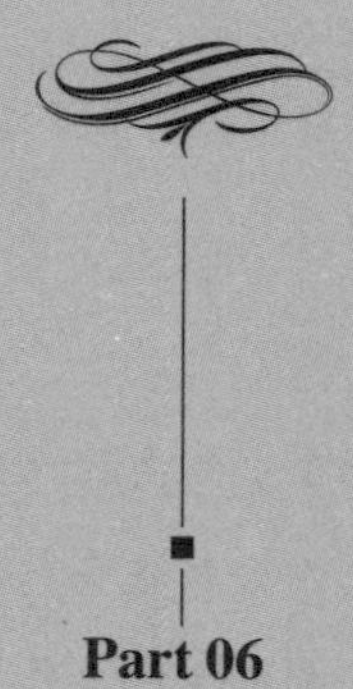

Part 06

效率合作：善于借力，促进协作

个人的力量总是渺小的。

试着让自己融入合作的氛围，

就能收获巨大的成就，

并让自己在不知不觉间发展壮大！

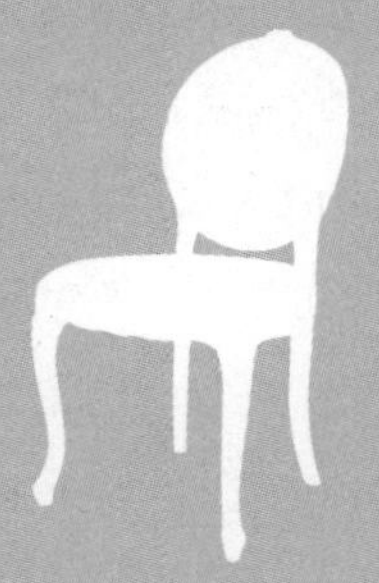

06

互相借力，养成与他人合作的习惯

纵观古今中外成功人士的简历，没有任何一个人是单枪匹马取得胜利的，他们都有一个共同的习惯，就是与他人合作，互相借力，成就自己的事业。

任何人想取得成功，都需要借助别人的力量，养成与人合作的习惯。单枪匹马难以得天下，必须跟“兄弟连”一同战斗，才有好前程。《水浒传》有108条好汉，《西游记》也不是唐僧一人去取经。双桥好走，独木难行。一人单挑，匹夫之勇，难以成大事。下者用己之力，中者用人之力，上者用人之智。一个人要想成功，光靠自己是不行的，必须依靠或者是借助别人的力量。

一家大公司招聘高层管理人员。王宏等九个人历经了重重的笔试、面试之后，幸运地进入了最后一轮“实战测试”。为了确保成功和考验出大家的综合实力，公司老板决定亲自把关，设置试题。

“我看了你们所有的详细资料和之前的考试成绩及评价，”老板笑眯眯地对大家说，“很显然，你们都很优秀。可是公司只需要

三个人，所以你们还得接受考验，争取在最后的考试中胜出。这次考试的内容是这样的：我把你们九个人随机分成三组，第一组的人会去调查婴儿用品市场，第二组的人会去调查妇女用品市场，第三组的人呢，则会去调查老年人用品市场。相关的材料可以到秘书那里领取。三天之后你们分别把自己所做的市场分析报告交到我这里。”

三天之后，九份市场分析报告准时放在了老板的办公桌上。老板仔细看完之后，站起身来，与王宏所在的第三组成员一一握手，然后祝贺道：“恭喜三位，你们被录取了！”

随后，老板解释了原因。原来，每个人从秘书那里拿到的资料都是不同的，分别是对婴儿、妇女和老年人用品市场的过去、现在和将来的分析。要想做出一个翔实、完整的调查报告，没有其他队友的配合和帮助是不可能的。很遗憾，第一组和第二组的人都没有意识到这一点，拿到资料后就匆匆忙忙地开工了，没有想到与队友碰头。

而王宏拿到资料后，首先就跟自己小组的成员通了气，三个人很快发现了资料里暗藏的秘密，于是互相借用资料，使自己的报告做得很完整、很到位。他们赢就赢在了团队意识与合作精神上。

不管是出于什么原因，工作也好，生意也罢，既然大家进了同一个圈子，就应该心往一处想，劲儿往一处使，互相帮助，互相借力，把每个人的力量发挥出来，力求得到1+1＞2的效果。大雁就是一个优秀团队的典范。它们飞行时都呈V形。首雁在前面开路，能帮助两边的雁群形成局部的真空。大雁以这种形式飞行，要比单独飞行的里程多出12%的距离。个人到了某个圈子，就是孤雁进了雁群。你想飞得高、飞得远，就要借助团队的力量。要是你不按常规出牌，搅乱了雁阵，大家都飞不远；相反，如果你懂得如何运用他人的力量，便可“好风凭借力，送我上云霄”。

曾国藩与左宗棠是清朝末年的权倾朝野的重臣。两个人的性格差异很大。曾国藩待己以严，待人以宽，直爽的性格经过官场多年磨砺之后有了几分柔韧。而左宗棠则性情狷介，不合时宜，耿直偏激，有时候还会拿曾国藩开过火的玩笑。有一次，左宗棠给内人洗脚，刚好被曾国藩撞见，曾国藩就开玩笑说：“替如夫人洗足。”左宗棠马上应之：“赐同进士出身。”拿曾国藩进士及第出身说事儿，唇枪舌剑，锋芒毕露。

即便如此，曾国藩还是不遗余力地提拔左宗棠。左宗棠科举不第，年近四十还一文不名，一度心灰意冷想终老山林。正是曾国藩慧眼识才，向清廷大举保荐他。走上仕途的左宗棠因性格暴躁，

遭人弹劾，处境艰难，只好向曾国藩求助，曾国藩不但热情地接待了他，而且一连数日陪他聊天。曾国藩还上奏替他说好话："左宗棠刚强英明，吃苦耐劳，通晓军机。现在正是用人之际，或饬令他为湖南团防，或选拔做藩司臬司等官，让他管理地方，使能安心任事，定能感激涕零，报效朝廷，有益于时局。"

后来，左宗棠每打一次胜仗，曾国藩就替他向上面邀功。三年之中，左宗棠由一个被人诬告、走投无路的士子，大踏步地成为湘军将领、浙江巡抚、江浙总督，一跃而为疆吏大臣。二人同殿称臣，配合得相得益彰。

雷锋说："对待工作要像夏天般火热，对待同志要像春天般温暖。"身在某个团队之中，要跟团队同舟共济，同呼吸共命运。你帮我，我帮你，每个人都实现了自己的利益，得到了想要的东西，何乐而不为?

成功锦囊

一个人不可能掌握所有信息、资源、技能，这并不遗憾，只要你多交朋友，多跟他们合作，用他们的优势补齐自己的劣势，你就成了"无敌"之人。

综合分析，找到最佳的合作方式

合作的方式多种多样，老话说“有钱出钱，有力出力”，就是最简单的一种。经过比较、计算，让每个人都得到最大收益，用最少的钱办最多的事，就是最好的合作方式。

阿里巴巴创始人马云曾经说过：“商业合作必须有三大前提：一是双方必须有可以合作的利益，二是双方必须有可以合作的意愿，三是双方必须有共享共荣的打算。此三者缺一不可。”为我们揭示出了一条合作的光明大道。

商业合作为了牟利，利润当然是越大越好，但是不能为了利润而盲目、盲动地合作，还需要遵守一定的原则和契约。多方比较分析、论证之后，让利益最大化，危害最小化，才是最佳的合作方式。

温州商人陈颂楠讲了这样一个故事：他下海之初办厂失败亏损了40多万元，银行催账的单子冷冰冰地摆在桌上。可是当时他身上仅有500多元。怎么办？最后他就用这500多元钱摆了两桌酒，请了20个朋友。在酒席上他说出了自己的困境，希望朋友能伸出援手。

当时在座的20个人都答应借给他2万元。要知道在20世纪70年代，2万元人民币绝对不是一个小数目，当时即使在温州，万元户也很少见。这些人中有的甚至家里根本拿不出这么多钱，就帮他到亲友处去借。3天之后，40万元就送到他手中。谈到这件事，陈颂楠至今感动不已。当然，钱也不是白拿的，陈颂楠不会让大家白白帮他，等他缓过劲儿来时，就以最快的速度连本带利一同把钱还给大家，并且让大家有利可图。

资本对于商人来说是不可或缺的本钱，向银行贷款是最常见的方式。但银行多是放贷给有资质的人，所以在创业阶段的人很难从银行那里贷到款。这种情况下，温州人就互相帮助，多方合作，形成一种特殊的融资方式。

有资料显示，各地的温州老板都会自然地形成一个小圈子，平时对彼此作风都十分了解。圈内的人仅凭个人信用，不需要任何担保，便可实现资金转借。他们之间的这种资金支持，不需要繁杂的手续，且到位迅速，数天内可筹得数十万甚至上百万资金。很多温州老板早期以此相互支持，得以快速发展壮大。借债人如果只是周转有困难，一二十万的款子一两个月能还清，一般都不要利息。如果是长时间的借钱，借款人都会很自觉地按照他们内部的惯例付利息。如果借款人投资失误，下次再需要借钱发展时，同样能够得到朋友的再次支持。

这种独特的融资方式造就了很多百万、千万甚至亿万富翁，也正是这种方式构筑了温州商人以亲戚、朋友、老乡形成的生存网络。而大家皆为老板，更给这网络增添了活力，见面也就更加方便了。如开发西北油田的王荣森，他的480万元资金中，有230万元就是由亲友筹集到的。携资15亿元到上海南汇创办建桥大学的周星增，也是依靠这种方式筹集到了几千万巨资。现在，虽然在银行贷款方便多了，但大多数温州人还是采用他们这种灵活、便捷的融资方式。

有了资金积累之后，温州人团结合作的优势就进一步显现出来。有人要开店，亲戚朋友都会解囊相助。随后，家庭作坊式的制作与经营节省了大笔的成本，使温州店的经营之路非常快速平稳。随着生意不断扩大，他们不断从家乡找来兄弟姐妹一起做，所以很多人出来的时候孑然一身，回乡探亲时已经是妻儿亲戚十几口人。

就是这种团队精神使得温州商人到了哪里，都可谓战无不胜。何况，从最初的“圈子”版本升级到现在的“团队”版本，使得温州人在今后的商业活动中如虎添翼。对此，一个北方商人深有感触地说：“我们是用手指和他们的拳头在打架，焉能不败？”

成功锦囊

最佳合作方式需要时间来寻找、探讨、磨合，需要经过多次尝试才能找到，并不是一开始就能找到双方都满意的合作方式。即便开始合作不成，也要保持友好关系，买卖不成仁义在，这是最原始的成功法则。

转变思维，学会创造性合作

合作不拘泥于一种模式，合作的双方不变，内容变了，也可以在形式上加以创新。最重要的是双方要有信任的基础，共同追求更大的利益。

希尔顿连锁酒店创始人康拉德·希尔顿说过：“一群人在一起工作，其效果并不像1+1=2那样简单。两个人协力的结果，可能3倍甚至5倍于一个人的力量。相反，如果互相不协力，效果可能是0。”这就需要合作双方共同朝着一个方向努力。而且，在合作的形式上要多动脑筋，转变思维，开拓新局面。

演艺圈是个炙手可热的圈子，许多年轻人不惜一切代价想进入其中，期待着成为耀眼的明星，在中国如此，在美国的好莱坞更是如此。米歇尔就是这样一个朝着演艺圈迈进的青年演员。他英俊潇洒，很有天赋，演技也很好，刚开始时在肥皂剧里扮演小配角，没过多久已成为主要角色演员。他希望自己能够有更广阔的发展空间。

然而，想成“星”，需要有人为他包装和宣传以扩大名声。他需要一个公关公司为他在各种报刊上刊登照片和有关他的文章，以增加他的知名度。然而，要建立这样的公司价格不菲，米歇尔拿不出那么多钱来聘用高级雇员以及支付其他开销等。

偶然的一次演艺圈聚会上，米歇尔认识了莉莎。莉莎在好莱坞的一家娱乐公司做经纪人，但是一些比较有名的演员、歌手、夜总会的表演者不愿意同她合作，她的生意主要是靠一些小买卖和零售商店来维持。两人见面聊过之后就联合起来。米歇尔成了莉莎的代理人，而莉莎则为他提供出头露面所需要的经费。

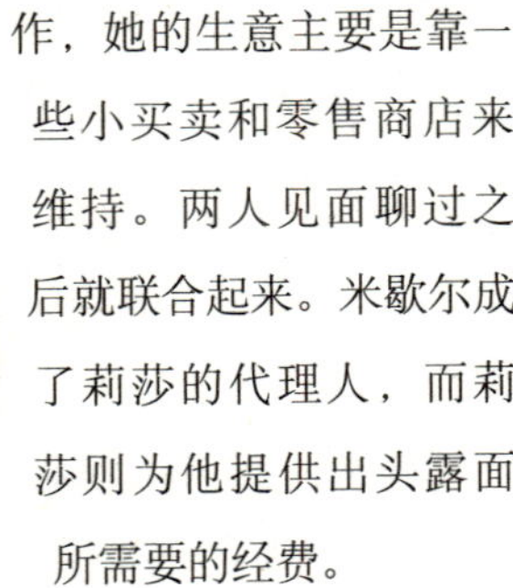

他们的合作非常完美和谐，米歇尔是一名英俊的演员，并正在时下的电视剧中出现，莉莎便让一些较有影响的报纸和杂志把眼睛盯在他身上。这样一来，莉莎自己也变得出名了，并很快为一些有名望的人提供了社交娱乐服务，他们付给她很高的报酬。而米歇尔，不仅不必为提高自己的知

名度花费大笔的钱，而且随着名声的增长，也使自己在角色分配中处于一种更有利的位置。

米歇尔和莉莎的合作算得上是“小人物”的光辉战绩。所有在成功大门外徘徊的“潜力股”们都可以效仿他们的做法。当合作双方都是强者时，合作的要求就高了；合作双方都是弱者，更容易结成利益联盟。国际上不是有“南南合作”吗？发展中国家联手合作，摆脱发达国家的控制，发展民族经济。人际圈子里也可以有如此的“南南合作”，两个60分的人合在一起，说不定就能达到十全十美的效果！

成功锦囊

不要以为“弱者”一定要找“强者”合作，两个“弱者”合作，各自发挥长处，也能达到意想不到的效果！

目光放远，实现长期合作

合作不是一锤子买卖，每一次合作的结束都是下一次合作的开始，这样才能让利益滚动起来，形成一个绵绵不绝的财富源泉。所以，与人合作要把眼光放长远。

与人合作，千万不能犯“短视”的毛病，为了眼前一点儿小利而得罪了盟友。相反，合作的时候为对方着想，让对方得到利益，才能建立更加稳定的合作关系，让未来的相处更加愉快。人和则生财，富贵自然来。

有两个饥饿的人，正在他们走投无路的时候，一位长者分别赠送了他们一根钓竿和一篓鱼。原本，他们可以各自带上这份馈赠分道扬镳的，但是他们商量了一番，没有各奔东西，而是共同商定去寻找大海。

依据约定，饿时他们两人每次只能煮一条鱼吃。经过长途跋涉，他们终于来到了海边。这时，老者送给他们的鱼已经吃完了。于是，他们就用那根钓竿钓鱼，两个人开始了以捕鱼为生的日子。

几年后，他们各自盖起了房子，组建了家庭，娶妻生子，还有了自己的渔船，过上了幸福安康的生活。

试想，当初老人分别给了他们一根钓竿和一篓鱼，倘若他们没有一起去大海边，会怎么样呢？拿着钓竿的人继续挨饿，分到鱼的人吃完鱼之后还是要挨饿。倘若分到鱼的人不给对方吃鱼，对方也不给他用钓竿，两个人最终会被饿死。所以，比较起来，先吃掉一个人的鱼，再用另外一个人的钓竿钓鱼，这种合作方式给他们带来了以后的好日子。他们两个人，任何一个太过自私，都不会有最后那样完美的结局。

成功之路漫长遥远，单靠个人的努力是不够的，要想快速达到成功的彼岸，就要学会与人合作，学会借力做事。这种合作，还不能是一朝一夕的，必须是长久的。如果你只做一锤子买卖，就得不停地寻找新的合作目标，就得花费更多的精力彼此适应，得不偿失。

要建立长久的合作关系，除了要有独到的眼光，还要仗义疏财，懂得为人处世。有些人，无论你怎么对他好，他都无法跟你长期合作；而有些人，你对他好，让几分利给他，他就会领你的情，极力帮你办事。

王有龄是杭州的一个小官，很想往上爬，无奈囊中羞涩，没有钱打通门路。于是，他向经商的朋友胡雪岩求助。当时，胡雪岩还只是浙江杭州的一个小商人，虽然生意不大，但是精于人情世故，很会打点，经常帮助周围的人。他与王有龄交往了一段时间之后，觉得王有龄的仕途跟自己的生意有很大关系，于是决定不惜倾家荡产，也要助他一臂之力。

胡雪岩变卖了家产，筹集了几千两银子借给王有龄，用以打通升官的道路。很多人说胡雪岩傻，认为他的钱会打水漂。胡雪岩对此充耳不闻，自己重操旧业，经营小买卖。其实胡雪岩心里有数，中国自古都是重农抑商，清代也不例外，纯粹依靠一个商人的力量是不会有什么大作为的，想把买卖做大，就要依靠官府。借王有龄这笔钱，与其说是财力投资，不如说是放一个人情债，以后“朝中有人”，办任何事都容易。

几年之后，王有龄亲自登门拜访胡雪岩。此时的他，已经是封疆大吏，身着巡抚官服了。他问胡雪岩有什么要求。胡雪岩低调地说：“祝贺王兄福星高照。我并没有什么困难。”

没有“困难”不等于没有“需要”，为了报答当年雪中送炭的人情，王有龄利用职务之便，令军需官到胡雪岩的店里购买物品，胡雪岩的货成了“政府指定产品”，生意怎么能不好！非但如此，胡雪岩还通过王有龄跟清末的许多政府要员都拉上了关系，他不但是生意场中的老大，更是政界的常客，甚至跟慈禧太后都搭上了关系。

1860年，胡雪岩着手创办“胡庆余堂”，正为采办大量高档木材发愁。他忽然听说宫里有一大批准备重修圆明园的名贵木材，因为计划搁浅而闲置不用，就准备了两份礼物，托人进京活动。一份是沉甸甸的黄金，是送给恭亲王的；一份是翡翠珍品，是想通过恭亲王献给慈禧太后的。原来胡雪岩早就知道慈禧最爱翡翠，便不惜代价买了个西瓜大的翡翠，雇能工巧匠，精雕细刻成一座“松鼠偷

葡萄”的珍品专门献给慈禧太后。这件稀罕之物果然让慈禧爱不释手。不久，这批准备重建圆明园的名贵木材就运到了杭州。数年以后，杭州吴山脚下便建成了气势磅礴、精致古雅的江南最大的中药店——“胡庆余堂”。

要不是当年胡雪岩眼光独到，跟王有龄建立了牢固的关系，也不会有日后的风光。这样的合作真可谓一本万利。寻找合作关系，就要找这种能够“繁殖”关系的，埋下一粒种子，好好栽培抚育，结出的是无限丰硕的果实。

成功锦囊

建立合作关系不能太过功利，急于挣钱很可能把关系搞僵。经营关系就像经营投资一样，获益都是需要等待的，合作关系也是如此，时间越长，关系越牢，利益也就越多。

化敌为友，将合作发扬光大

没有永远的敌人，也没有永远的朋友，只有永远的利益。敌对只能让大家的利益受到损害，友好则能让大家都受益，所以，化敌为友，一笑泯恩仇，是生意场上最明智的选择。

张廷玉是清朝康熙、雍正、乾隆年间的三朝重臣。一次，张廷玉的家人为三尺宅基地与邻居发生争执。家人写信给张廷玉，希望他出面解决。张廷玉看见家书后，给家人写了一首诗：“千里修书只为墙，让他三尺又何妨。长城万里今犹在，谁见当年秦始皇？”家人看信后，就立即让出三尺地，邻居随即也后退三尺，两家不仅和好了，还为过往行人留下了一条六尺宽的通行巷道，大大方便了邻里乡亲。

“化敌为友，利人利己”，用这个故事讲，再恰当不过了。俗话说：“多个朋友多条路，多个冤家多堵墙。”在追求双赢的基础上搞合作，必定好过争个你死我活。

在某小镇上有一家杂货铺，主人叫希拉斯，这家杂货铺传到他

手里时已经有近百年的历史了。希拉斯买卖公道，信誉很好。他的铺子对镇上的人来说，就像手足一样不可缺少。

可是有一天一个外乡人来拜访希拉斯，说要买下这铺子，请希拉斯自己作价。情况变得严重了。希拉斯怎么舍得，这是他的生计来源，也是他的事业、遗产和信誉。

外乡人耸耸肩，笑嘻嘻地说："如果你不愿意把铺子卖给我，也没关系。我已经选定了街对面的房子，粉刷一遍，弄个富丽堂皇的装饰，再进些好货品，卖得便宜些。那时你就会被我打败，没有生意了。"希拉斯还是摇头。

外乡人的新店果然开始装修了。开张前一天，希拉斯在家里生闷气。他真想把对手破口大骂一顿，甚至恨不得把对面的房子放火烧了！但是希拉斯的妻子劝诫他说："你总说自己是个厚道人，可你一碰到切身利益就糊涂了。你应该祝贺他新店开业，祝他成功。"

妻子的话让希拉斯茅塞顿开。第二天一早，他就跑去对面的铺子庆祝，他站在人堆里，脸上带着愉快的表情说："外乡老弟，恭喜开业，祝你给全镇人添方便！"

希拉斯刚说完，外乡人便拉住他的手，表示感谢，两个生意人表现得就跟老朋友一样。来参加开业典礼的人也围上来朝他和外乡人表示祝贺。

希拉斯的店并没有因为对手的竞争而倒闭。相反，这两家店主和睦相处，成为小镇上的一段佳话。他们有各自的经营方式，各有各的优势，满足了不同消费者的喜好。

善待对手，与他共处一室，并不是软弱妥协，而是聪慧大度的表现。你想在社会上吃得开，就要学会跟对手较劲儿，并从中受益。他给你带来的威胁、压力、冲突，正是你超越自我的外在动力，是你成就人生的本钱。这样的关系一旦转化成合作，就会带来更大的收益。

爱德华是美国著名的玻璃制造商。事业刚起步时，他拥有一家规模不大的公司。爱德华与其他小业主一样，渴望自己的公司能够不断壮大，并最终成为美国工业企业中的巨人。

当时，在爱德华的英格兰波利公司里有一名工人，他叫迈克尔·欧文斯，这个人在当地很有声望，领导着那里的工会。在一次罢工运动中，欧文斯鼓动工厂的工人们反对爱德华，要求加薪、减少工作时间，并改善工作条件。这次罢工迫使爱德华将制造厂迁往了另外一个城市。有人对爱德华说，欧文斯这家伙害得你在辛苦创业的地方无法立足，你应该把他开除。但是爱德华笑了笑，反而把欧文斯和其他几个工人一起带到了新工厂，并且重用欧文斯。

原来，在罢工期间，爱德华曾与身为工人代表的欧文斯进行过唇枪舌剑的谈判。欧文斯除了要求改善工人待遇外， 还猛烈抨击了爱德华在生产管理、技术改进等方面存在的问题。这让爱德华发现欧文斯不仅血气方刚、思路敏捷，还是一个在玻璃生产和技术改进方面不可多得的人才。因此，他不仅没有为欧文斯带领工人闹事而怀恨在心，反而起了爱才之心。所以，新工厂迁走时，他毅然带上欧文斯。不仅如此，爱德华还对欧文斯委以重任，让他最大限度地发挥聪明才智。

爱德华宽广的胸怀深深感动了欧文斯，两个人开始了真诚的合作。在以后的日子里，欧文斯向爱德华提出了一系列改进的建议，爱德华经过思量之后全部采纳。根据这些建议做出的一系列改进使得公司大受裨益。爱德华因此更加欣赏欧文斯，并让他担任了玻璃制造部门的主管，两年后，又提拔他做自己的副手。欧文斯没有辜负爱德华的期望，他带领着一个设计小组一次又一次成功地进行技术革新，使波利公司在生产技术上始终处于行内领先地位，最终令爱德华的公司闻名世界。

爱德华的宽容把欧文斯留在了身边，由此带来了巨大的财富。这刚好对应了中国那句老话：和气生财。因为心宽，所以心气平和；因为心气平和，所以许多风波都平息下去。“敌人”可以转化为“朋友”，冲突可以演变成合作，双方求同存异，互相体谅，就能成就彼此，共同走向成功。

成功锦囊

天下之事，没有完全尽如人意的，一定要用平和的心态去对待。别人对你做了不好的事，不要一味去记恨，想办法化干戈为玉帛，这样建立起来的关系，反而会比一般的朋友关系来得更加牢固。

不懂就问，多向前辈取真经

不懂装懂的人要成功是非常难的，特别是对于一个年轻人来说，不懂就问才能扫清成功路上的障碍，因为很多知识就是这样零零散散积累起来的。

任何行业里都有一些经验、路数是口口相传的，并不写在规章制度中。如果没人告诉你，靠你自己摸索，要花费很长时间。如果你不小心犯了谁的忌讳，或者损害了谁的利益，那补救可就难了。要避免这种“悲剧”，就要靠自己勤学多问。

一位有名的作家以前是杂志社的编辑。他在回忆自己做编辑的经历时说：“我非常怀念那个严厉的前辈。一般的前辈在你稍微出错的时候会说‘年轻人嘛，这也是没办法的事’或‘工作经验少嘛，出错是难免的’，只有那个前辈斥责我说‘重做!做到好为止’!当时我很生气，为了证明自己并非无能，为了要干出点儿成绩来让那个前辈看看，我就拼命地工作。现在回想起来，那个前辈的严厉对我来说真是一笔难得的财富。”

能够遇到这样主动提携你的前辈已属幸运，大多数前辈是不会主动给你讲方法性的东西的，更多是靠你自己问。你要主动向前辈请教，去“挖”他肚子里那些秘密和宝藏。有句话说得好：“学问是教授的烟斗熏出来的。”意思是说，好学生必须多跟教授亲近，多聊天多沟通，慢慢才能得到老师的真传。这个道理在职场中也是通用的。

小江毕业后进入某杂志社任编辑，年轻气盛，总希望自己策划的专题能够成为杂志上的大亮点，让他郁闷的是，报了无数次选题，统统在选题会上被“枪毙”。而一位“老”编辑，快40岁了，看上去四平八稳，毫无时尚感，选题的命中率却高达90%，实在让小江费解。

后来，小江私底下向老编辑讨教申报选题的技巧和方法。老编辑看他谦虚好学，就说了几条自己的心得。

在前辈的指点下，小江顺利通过了自己入职之后的第一个选题，激动得一连好几天都处于亢奋的状态。此后，小江更加虚心地向老编辑和其他有经验的同事请教。久而久之，小江不但学到很多策划杂志选题的技巧，还对杂志社的人员安排、机构设置、工作流程等有了更为清晰和深入的认识，这使得他比同期进入杂志社的人更早成熟起来。

前辈与你的差别不是年龄的不同，而是进入公司时间长短和工作经验多少的不同。在前辈中，也许会有比你年纪小的，前辈与晚辈之间的界线也没有像大学里划分为大一、大二、大三、大四那样具体明了。虽然如此，作为晚辈，意识里也一定要经常记着自己的身份，一定要把“长幼尊卑”的资历排行榜在心里仔细盘算好。多跟前辈学习，能够得到很多实惠的建议和意见。而这些“宝典级”的点子，很可能就是以后你提高业务能力的独门绝学。所谓“闻道有先后”，多看看“前辈”，就等于给自己找到了一本“百科全书”，要怎么做不要怎么做，参照前辈的指点，可以少走弯路。

一定要记住，“求助”是一种手段，绝对不会让你显得笨拙。你在“取经”途中不光学到了专业方面的知识，更能迅速摸清行业里的规则和学问，这是交学费都没处去学的东西。

把握自己，不要完全依赖合作

人人都需要合作，人人都追求长久的合作。但是我们必须搞清楚一个道理，没有任何合作关系是绝对百分之百保险的。关系再好，也要有自己的主见。

合作往往建立在互相信赖的基础上，但是，彼此之间太信赖了，就容易产生一个不好的现象——依赖感。甲信任乙，跟乙一起做生意，很容易就让乙全权负责，自己做甩手掌柜。这就很容易出纰漏。凡事都应该有自己明确的主张，即便是合作的好伙伴、好朋友，也不可能永远意见一致。当彼此之间的利益不再一致时，散伙也是自然的。

春秋时期有位著名人物叫范蠡。他是越国大夫，是越王勾践最得力的助手，曾帮助勾践在越国几乎被灭国的情况下奋发图强，通过10年的厚积薄发，最终把濒临灭亡的越国拯救过来，打败了吴王夫差，灭掉了吴国。应该说，范蠡是决定越国生死的关键人物。

这么重要的一个人，在大功告成之后，却选择了离开。他婉言谢绝了越王的挽留，从他辅佐了多年的勾践身边离开，远走他乡经商去了。他深知政坛的无情，也知道伴君如伴虎的道理，不愿意再蹚这个圈子的浑水，主动隐退，去逍遥自在了。

范蠡的智慧并不是每个人都有的，汉代的韩信大将军就是个标准的反面典型。他协助刘邦打天下，决定刘邦成败的几场战役都是他拿下的，也正因为如此，他成了汉初少数几个异姓王之一。可是韩信被封王之后仍然握有兵权，朝中军政大事都要参与，甚至还以大汉功臣、老臣自居，动不动就闹闹小情绪，嫌弃这个讨厌那个，不把别人放在眼里。功高盖主又不懂得自保之道，终于落了个死无全尸。

马云决定涉足互联网的时候，请了24个朋友，共同探讨如何在互联网上赚钱。这些朋友都是马云在教夜校时认识的学生，全部都是做外贸出身的，很有商业头脑。马云知道他们是赚钱的行家，所以希望听听他们的意见，跟他们合作搞互联网。

马云给他们整整讲了两个小时，他们仍听得云里雾里，就像听

“天书”一样。最后等大家一起表决的时候，23个人说放弃吧。只有一个人赞成马云可以试试看，如果不行的话，赶紧收手。有朋友直接说：“马云你干什么都行，开酒吧也行，要么开个饭店，要么办个夜校，但就是不能干这个。”马云原本抱着很高的期望要跟他们合作的，没想到是冷水当头。

讨论之后，马云静静地想了一个晚上，第二天早上决定还是干。他说：“哪怕是24个人全反对我也要干。”

在当时，马云也是刚听说“互联网”这个词，多数国人尚不知互联网为何物。这种情形下，搞互联网如何赚钱？朋友们的坚决反对马云也就不奇怪了。于是，马云没有找到合作伙伴，他自己垫付了7000元，又联合妹妹、妹夫、父母等亲戚朋友，凑了两万元，创建了“海博网络”。“海博网络”从此成为中国最早的互联网公司之一，也就是后来著名的“中国黄页”。

成功锦囊

不怕没有关系，就怕没有主意。再好的合作关系也需要有一个聪明的领袖做主导，否则，松散的联合体也是毫无杀伤力的。

欲取先予，互惠才能互利

广告里说“大家好才是真的好”，无意中揭示出一条成功法则，那就是寻求双赢，互利互惠，让每个参与其中的人都得到好处，才能让大好局面保持下去。

智者苏格拉底曾经说过：“只有从别人的立场来分析问题，使他说‘是’，才会有更多的收益，才会更有乐趣。”这就揭示出最初的“互利互惠”原则。

互惠，原指国家间根据平等原则互相给予的优惠待遇，引进到人情中来，就是指人不能独享资源、独占利益，应该把好处跟大家分享，利益均沾，才能在圈子里长远立足。国家与国家之间互惠，可以维护友好关系，发展长期合作。圈子里的人互惠互利，可以巩固现有的感情基础，共图日后大业。

看过《水浒传》的人应该记得，豹子头林冲被“逼上梁山”的时候，山大王王伦一定让他交纳投名状才可以入伙。所谓投名状，就是杀一个人，或者劫获一笔钱财交到山寨里，这样才能证

明自己入伙的决心，也能证明你不是白吃白喝的庸才，而是有能力为山寨里的人谋得福利。

在这个故事里，林冲是被迫无奈去杀人，但是王伦表现出的则是芸芸众生的常态心理。在人情往来中，所有“成交”的买卖都是在互惠的前提下实现的。必须保证双方都有好处，你的地位才能保住，你这张人情网才能继续编织下去。否则，若一方获利而一方吃亏，把一方的好处建立在另一方的损失之上，这样的“单边”利益是不可能长久的。所以，不管你是在什么圈子里，都要跟周围的人保持一种“互惠”的关系。

管远兴是广西阳朔县历村的一个普通农民，在外打工的时候，他发现开发旅游项目赚老外的钱是一条很好的生财之道。于是，他苦学了两年外语，回到历村，把家里的房子扩建成就餐和住宿的场所，取名“月亮乐”餐馆。他又把山下的那个溶洞承包了下来，并给溶洞取了个名字叫“水岩”。“水岩”溶洞适合探险，洞内还有泥潭，潭泥过膝，泥浆腻滑如胶，没有异味，糊在身体上，凉柔温爽，祛病解乏，完全可以开发成一个洗泥浴的招牌项目。随后，管远兴又在月亮山下开了一家名叫“水岩咖啡”的餐厅，用来接待游客，并作为游客进入“月亮乐”和“水岩”的大本营。来的第一批游客是一帮美国人，从来没洗过泥浴的老外纷纷跳入泥潭，个个洗得不亦乐乎，老外们对此大呼过瘾。此后，管远兴的生意迅速发展，在不到半年的时间里，他就赚了好几万元，成了村里的首富。

都是一个村子里的，凭什么管远兴腰缠万贯？眼看管远兴发了，乡亲们坐不住了。一些头脑活络的人，纷纷摆起了小摊，或开农家乐餐馆，或当乡村导游。他们还搞起了恶性竞争，有村民听说管远兴的收费标准是每人20元，于是不管游客是日本人还是英国人，在用外币结算时都要20元。这样一来，日本人觉得捡了大便宜，而英国人则大为光火。

刚刚开发出来的“市场”乱套了，管远兴很着急，乡亲们这样折腾下去，迟早自己的生意也会跟着受影响。既然如此，还不如用合作取代竞争，大家互惠互利。想到这儿，他作了一个重要的决定：在村里开个外语培训班。几期培训结束后，会说英语的村民爆发出了巨大的能量，不仅主动出击揽客，而且想出了很多吸引老外的新节目。年轻人每天早上骑着自行车去阳朔县城接老外，接到后就带回历村，让老外住农家院，吃农家饭，参观农民犁田播种、上山砍柴……历村的气氛再度热了起来。游客多了，管远兴最先尝到了甜头：乡亲们带回来的老外想到他的“水岩”参观和洗泥澡，就得花钱买门票，光这一项收入，就乐得管远兴眉开眼笑。

管远兴是中国千百万农民中的一员，教育程度一般，但是他明白一个道理：想自己得到实惠，就要让自己身边的人也得到实惠，大家“利益均沾”，总好过全部受穷。

为什么一定要互惠呢？我自己动脑动手得来的利益自己揣兜里不行吗？不行。人际网说白了就是个关系网，网里面的每个人都是带着明确目的而来，这个目的就是利。关系越是亲密，人们对利益回报的期待就越高。就像没有免费的午餐一样，从来就

没有不趋利的关系。这“利”可能千差万别，或是金钱，或是职位，或是荣誉，或是梦幻，但是绝对不可能与利益毫不相干。你想跟大家保持关系，就得让人“有利可图”。只有互惠，才能互利，一损俱损，一荣俱荣。

一个人想成功，除了要有发现商机的眼光，更要有“有钱大家赚”的博大胸怀，带领相关的人共同致富。只有抱团经营，才能将小钱变成大钱，将小打小闹变成大事业。

多结善缘，帮人就是帮己

真正善于交往的人，不论在什么时候都很注意结交善缘，能够对那些需要帮助的人伸出援手。而这样的人，自然能享受到人情的回报。

卡耐基说："如果我们想交朋友，就要先为他人做些事——那些需要花时间、体力、体贴、奉献才能做到的事。"

春秋时期著名的政治家赵盾，有一次看见一棵枯树下躺着一个人，奄奄一息，眼看就要饿死了，便停车下来，上前看个究竟。原来，那个人在回家的路上被人打劫，钱财和食物都被抢走，又羞于向人乞讨，所以才饿成这个样子。赵盾给了他食物，又送给他一些肉干和盘缠，让他拿回家去孝顺父母。那人千恩万谢地回家了。

过了两年，晋灵公派兵追杀赵盾。其中一个士兵跑得最快，追上了赵盾。赵盾心里想着我命休矣！没想到这个士兵对他说："请您上车快跑，我来保护您！"赵盾又惊又喜，问道："你为什么这么做？"那个士兵说："您认不出我了？我就是枯树下饿倒的那个人啊！"说完，他奋力保护赵盾，最终以死保护赵盾脱离了险境。

赵盾无意中结下的一段善缘，为自己换来了第二次性命！

由此可见，不论何时何地，懂得广结善缘的人就会有人缘，才能走好运。尤其是在平时处理各种工作、合作、朋友关系时，广结善缘显得尤为重要。

王建是一家皮鞋厂的老板，他以几万元起家，在短短10年内发展成拥有几千万资产的皮鞋制造商。他之所以能站住脚，靠的就是"投桃报李"的原则。一次，王建厂里生产的一种白鞋带、白扣的软皮鞋在南方某个省份失去了销路，零售商天天打电话要求退货，这可急坏了地区批发商，他连夜赶来找王建商量对策。这可是个大问题，如果把货收回来，积压在家里，批发商将受到巨大的经济损失。王建说："你的困难，就是我的困难，不管什么原因造成了这种局面，我都不会让你受损失，你把白鞋带、白扣的皮鞋统统收回，送到我这里调换成别的样式的鞋。"这个地区经销商感动地说："也不能让你一个人吃亏呀。"王建说："产销一家嘛，我们都是一家人，谁受损失都一样，这事理应由我来处理。"这件事传出以后，全国各地的批发商、零售商对王建更加敬重了。

“天有不测风云”，在1998年百年不遇的大洪水中，王建用贷款修建的现代化皮鞋厂遭受了灭顶之灾，设备、材料、产品几乎被冲得一干二净，辛苦数年积攒的全部家底都在洪水中化为乌有。晴天霹雳使王建欲哭无泪，他甚至想到了死。在他万念俱灰的时候，销售网络中几个较大的批发商登门拜访，并鼓励他“重整旗鼓”。其中一位批发商爽快地说：“你放心，只要你肯继续干下去，钱的事包在我们身上了。”另一位说：“过去我们有困难的时候，你帮助了我们，现在我们也决不能昧着良心袖手旁观。”五天后，那几位批发商召开了来自全国各地几百位批发商的集资大会，仅仅两个多小时，就凑齐了王建重建厂子所需的资金，一星期后，王建的工厂就恢复了生产。

人缘就是财富，人际交往最基本的目的就是结人情、积人缘。那些成功人士之所以能成功，一定与善于关心别人、乐善好施有关。

成功锦囊

广结善缘，于人于己都有好处。如果你人际关系好，在竞争中就会明显占优势，别人不仅会支持你，还会处处为你着想，处处维护你的利益，这无疑是你成就事业难得的基础。

眼光长远，放小利而求大利

如果你低着头走路，脑袋很容易撞墙。工作、做生意都是这个道理，在注意脚下路的同时，也要往前看、往远看，为了谋求更大的利益，暂时放弃眼前小利是值得的。

有个人在沙漠里穿行，已经连续几天没喝水了。就在饥渴难耐、马上就要支撑不住时，突然发现不远的前方竟然有一个压水井。他欣喜若狂，马上跑了过去。压水井上正好放着一瓶水，他嗓子都要冒烟了，不管三七二十一拿起瓶子正准备都灌下去，却忽然看到水井上有块醒目的警告牌子，他忍住干渴，见牌子上写着这样一段话：

“这里距离沙漠的尽头，最近的距离是160千米。如果你现在将这瓶水喝完，虽然能暂时缓解你的干渴，但是你绝对不可能走出沙漠。如果你将瓶子里的水倒入压水泵，引出井里的水，那么你就能畅饮到清凉洁净的井水，使你能平安走出这片沙漠。最后，享用完了别忘了为别人装满一瓶水。”

这个人心想：幸好我看了警告，不然后果……然后他将瓶子中的水倒入水泵中，喝足了清凉的井水，并安全走出了这片沙漠。

一个人在干渴难耐的时候看到一瓶水，那是何等的振奋！喝下那瓶水，他可以缓解一时的干渴，却走不出沙漠。不喝那瓶水，用它当作压水井的引子，就能压出更多的水，喝个痛快，确保他平安走出沙漠。然而，这其中有一个难题是，警告牌上说的是真的吗？万一倒了水，水泵里又没有水流出来，怎么办？眼前“小利”和以后的“大利”可能都没有了！许多人就是害怕担这个风险而被“小利”迷惑了。这个寓言就是要告诉我们，舍弃眼前的小利，豪赌一把，就能赢得以后的最终胜利。

美国的汽车大王福特和石油大王洛克菲勒都是我们熟知的商业巨头。他们是好朋友，也是合作伙伴。福特是洛克菲勒创建标准石油公司的大功臣。

有一次，洛克菲勒与福特合资经商。因为福特投资失误，使这次计划惨遭失败，损失巨大。福特心里非常不安，甚至都不好意思跟洛克菲勒见面。无巧不成书，忐忑不安的福特偏偏在路上遇到了洛克菲勒。当时，洛克菲勒正与其他两位先生走在福特的后面。福特心里打鼓，连头都不敢回，假装没看见他们径直往前走。洛克菲勒却主动在后面追了上来，拍了拍他的肩膀说：“老兄，你来得正好啊，我们刚才正谈论有关你的事情呢！”

福特听得满面通红，还以为洛克菲勒要责怪他，干脆牙一咬心一横，说：“实在对不起！那实在是一次极大的损失，我们赔了很多钱，全是我的责任……”没想到，洛克菲勒若无其事地

说："你说的是投资那件事吗？其实，我们能做到那样已经难能可贵了。这全靠你处理得当，让我们保存了剩余的60%，这完全出乎我的意料，我还要谢谢你哪！"

洛克菲勒没有因为福特搞砸了生意而埋怨他，相反，还找出一堆赞美和感谢的理由，这让福特既惊讶又感激。此后，福特努力做事，不仅为洛克菲勒挽回了损失，而且还为公司赚回了大把的钞票。

用损失掉的利润"买"来一个大人物的"心"，洛克菲勒的生意经真算是念到了极致。这也是舍小利、赢大利的典范。若换作一个斤斤计较的商人，一定会责怪福特害自己赔钱。而洛克菲勒没有这么说，他明白，虽然短期内他损失了一点儿钱，但是通过这件事，福特会对他更好，帮他赚更多的钱。他们两个人会在合作的基础上走得更远，实现更大的双赢。

成功锦囊

"活在当下"是一种较为坦然随性的态度，切不可把它跟急功近利联系起来。有些人受了"活在当下"的蛊惑，所以才把眼前一时得失看得过于重要，以致最后因小失大，在成功的路上成为被淘汰者。

追求双赢，要让利益最大化

零和时代已经过去，双赢时代已经到来。成功人士都懂得，光靠一个人的力量是无法实现自己的财富目标的，总要与人合作，实现双方利益，由此分得自己的那一杯羹。

“双赢”来自于英文“win—win”的中文翻译，简单解释，所谓双赢就是大家都有好处，至少不会变得更坏。

在双赢观念推广以前，人们之间更多是“零和”的竞争关系。就好像两个人下棋，总有一个赢，一个输。如果赢的人得一分，输的人负一分，那么两个人加在一起的结果就是零分，这就是“零和”。正常对弈没有产生更多利益。

有了双赢观念之后，大家不再拼个你死我活、你输我赢，而是开动脑筋想办法，让每个人都是赢家，都得到利益。

这是一个真实的故事，讲述的是泰国某跨国集团公司老板年事已高，决定换班交权。退休前他准备在自己三个儿子中挑选一个接班人。他思来想去，觉得二儿子无论从学识、为人、才干都

很合适。但是，二儿子烟瘾极大，他又非常担心他的健康问题。一个企业的继承人，健康如果跟不上，那会前功尽弃的。

要说服一个“烟鬼”戒烟，谈何容易！老人决定跟儿子展开一场“双赢”谈判。谈判的技巧当然是有讲究的。

谈话一开始，老人自然表示他对二儿子的欣赏和信任。但老人说他唯一的忧虑是二儿子抽烟的习惯。因为根据他的经验，一般抽烟的人到45岁开始健康就会走下坡路。而45岁正是一个男人年富力强、事业走上坡路的时候。如果这个时候健康出问题，自然难以担当重任。他另外还有一个顾虑，说话时他目光严厉地盯着儿子：“我认为一个人如果像连抽烟这种不良习惯都不能克服，那他怎么能胜任我所托付的重任呢？”

“准继承人”二儿子一直在全神贯注地听着，手里正点着一支烟。当他听完父亲最后一句话，内心突然强烈地震动了一下。

他知道父亲的话有多重含义，并不仅仅是让他戒烟这么简单。于是他一言不发，把手中正点着的烟在烟灰缸里使劲一拧。

从那一天开始，二儿子再也没有吸过一支烟，而且，他也成了公司的继承人，成功地把家业发扬光大。

“双赢”是新时代市场经济的产物，也可以借鉴到人与人的交往中来。在上面这个故事中，如果父亲摆出一副强硬的姿态命令儿子戒烟，那势必适得其反。反过来，父亲以“继承人”为契机，导入戒烟与接管企业之间的联系，两个人都实现了自己的愿望，皆大欢喜。

1904年夏天，一位名叫哈姆的西班牙人得知美国即将举行世界博览会，于是，就把自己的糕点工具搬到了会展地——路易斯安那州。他被政府允许在会场的外面出售他的薄饼，心里很激动，满心期待自己能够借此机会赚一笔钱。可惜，人们对他的薄饼似乎没多大兴趣，反倒是他旁边的一位卖冰激凌的商贩生意红火，不一会儿就售出了许多冰激凌，并且很快用完了自带的冰激凌碟子。

哈姆并没有眼红冰激凌摊贩，还主动帮助他，把自己的薄饼卷成锥形，让他盛放冰激凌。而卖冰激凌的摊贩为了感谢哈姆的帮助，就买了哈姆的薄饼。于是，大量的锥形冰激凌便源源不断地送入顾客手中。

让他们都没有想到的是，这种锥形冰激凌被顾客一致看好，还被评为此次世界博览会上“最受欢迎的产品”。从此，这种锥形冰激凌开始迅速传播，并广为流行，逐渐演变成今天的蛋卷冰

激凌。

试想，倘若哈姆不去帮助卖冰激凌的人，那么卖冰激凌的人就没有碟子盛冰激凌，只能收摊走人，哈姆的薄饼也卖不出去。相反，哈姆把自己的薄饼送给对方去装冰激凌，满足了他的生意持续下去的条件，而卖冰激凌的人又买下了哈姆的薄饼，照顾了哈姆的生意，双方都得以生存。这就是利益最大化、双赢的最好例子。

所以无论从什么角度来看，你死我活从实质利益和长远利益上来看都是不长久的，应该活用双赢的策略，追求你“活”我也“活”。

成功锦囊

双赢是一种良性的竞争，需要双方开诚布公，多从对方的角度考虑问题，能让则让，能妥协就妥协。千万不要让一时的贪念坏了以后长期的合作关系。

乐于施舍，种下善因得善果

“施舍”二字其实是宗教术语，让人帮助穷人和有需求的人。现在，它已经成为一种大众的做人哲学，懂得施舍的人，会收到丰厚的回报。

《水浒传》里的宋江“文不能安邦，武不能服众，手无缚鸡之力，身无寸箭之功”，这样一个人为什么能够稳坐梁山第一把交椅呢？就因为他懂得施舍，仗义疏财是宋江的特色，别人有困难他都会尽力帮，所以得了个“及时雨”的绰号。

在上梁山之前，宋江是衙门里的一个小公务员，虽然工资不高，但是为人大方，舍得在“小人物”身上用小钱，所以大家喜欢他。阎婆惜娘儿俩没有依靠，他给钱；街上打更的老头儿没有棺材本，他送；即便是吃了官司之后，为了免除一百杀威棒的痛苦，他很主动地拿出钱来贿赂监狱里的小官僚，这个例子是最具代表性的。《水浒传》里的英雄多半都有牢狱之灾，武松、林冲和宋江三个人的经历描写得最具体。武松是火暴脾气，宁折不弯，情愿吃那一百杀威棒，也不愿意使钱；林冲较为平和，经人

点拨，会拿出钱来为自己消灾；只有宋江最随和，与人为善对他来说是行事准则。不仅如此，李逵赌钱输了跟人打架，他还主动拿出钱来替他还账。这样仗义疏财的“及时雨”，谁不喜欢？

宋江的处世原则是你需要什么，就给你什么。只要你说得出来，他就送得出来。那梁山英雄多半都是“有恩必报，有仇必雪”的性情中人，谁好意思受这样的“滴水之恩”？所以，当玉麒麟卢俊义活捉了射杀晁盖的史文恭，即将履行晁盖的遗愿成为梁山“一把手”时，所有人都对他虎视眈眈——想抢我们圈子灵魂人物的宝座，活腻歪了你？卢俊义各方面条件都比宋江强，唯独缺乏宋江那样的群众基础，所以梁山的头把交椅他坐不了。

施舍，是善举，也可以说是人情投资。一个人的成功总是受到了多方的帮助，这其实是一种能量上的传递，就是“做好事”轮到你了，你需要再把这种能量传递出去，让别人也分沾你的“善心”。如此这般，才能让好运一直伴随你。

成功锦囊

人是有感情的动物，施舍出去的不仅仅是钱物，更是一种感情。而你收获回来的也不仅仅是相应的钱物，更是被施舍者的尊重和感激。这样的情感往往会是你日后成功发迹的强大精神支柱。

搭台造势，互相帮忙提人气

成功人士都是注重“场面”的，与人互惠，不但是在物质方面提供援助，更要帮着搭台造势，提高人气。

胡雪岩有句名言：“做生意，场面越大越好。”所以，他非常注重场面。别人需要大场面的时候，他不遗余力地去捧场；自己需要场面的时候，又招来众多朋友捧场。所以，场面越做越大，关系网也就越撒越大。

大卖场的造势是大家有目共睹的。什么一元特价、一分钱一个鸡蛋、一毛钱一斤大米、低价的限时抢购等，其目的无非想把人吸引到自己店面来。如果你留心的话就会发现：越是有人排队的地方越是有更多的人想围观加入，越是无人光顾的地方越是冷落，你就是站在门口拉客，客人也不见得能拉进去。这也同样反映了人气的重要性。

“人气”是如此重要，就像微博中的“粉丝”，就像博客上的关注，就像论坛的访问量。东西再好，无人喝彩也卖不出去。

所以，在人际关系当中，不但要用“实惠”的东西进行互利，还要讲究“面子”和“形式”。有时候，你送红包给人家，人家不一定愿意接受，但是，如果能给他一个“秀”的机会，让他觉得很有面子，也能达成互利关系。

伟亮是某传媒公司电视部的负责人，他30出头就成为公司的骨干，算是名副其实的精英了。伟亮的起点并不是很高，做的是艺人统筹的工作。比如说，某公司要举办一个晚会或者开幕式剪彩之类的活动，需要请一位“大明星”助阵，提升人气，伟亮就去联系那位大明星。联系成功之后，伟亮拿到自己的收入提成。

很多同行不明白，伟亮为什么每次出手都不虚此行，不管多么大牌的明星，多么不愿意出面的艺人，甚至还有些“一掷千金”都请不动的人，伟亮都能请来。后来，伟亮才吐露自己的小秘密。他说：“企业需要明星帮忙提升人气，明星也同样需要企业帮忙提升人气。”

原来，伟亮特别留心明星们的档期。比如，女明星A马上有一部电影要上映，或者有唱片要发行，伟亮就找到明星的经纪人说：“A小姐出席我们的活动，不光是帮我们做了宣传，也可以帮她的新作品做宣传。”这样一说，双方都达到了“造势”的目的，当然很容易就实现了互惠互利。伟亮就是靠这个秘诀，逐渐跟各演艺公司的大牌明星经纪人成为“关系户”，让自己在圈子中站稳了脚跟。

很多时候，我们干工作或者做生意，其实就是在做人。“人气”旺了，业绩才能旺，生意才能旺。“人气”包括顾客盈门，大得人心，也包括与合作者一团和气，对你如众星捧月。“人气”是一个重要的谈判筹码，在人际关系中占据特别重要的位置。所以，当你渴望建立关系网的时候，不要光想着给对方利润、分红之类的，也要帮助对方搭台造势提人气。你想想看，为什么商场、饭店开业的时候，门口赠送的花篮越多越有面子？那就是在造势，造势者以后需要的话，也会得到别人赠送的花篮。互相帮衬，人气都旺。

成功锦囊

多说对方的好话，多给对方高评价，多在圈内散布关于对方的正面消息，反过来对方也会为你美言。一来二去，你们的友好关系就达成了。

完善自我，赢得他人的信任

有些人一出现就能够赢得别人的好感和信任，这是一种内在气质的影响，也是个人魅力所致。成功人士都很注重自我的完善，内外兼修，这样才能在身边聚拢更多朋友，得到帮助。

作家司汤达说：“做一个杰出的人，光有一个合乎逻辑的头脑是不够的，还要有一种强烈的气质。”没错，真就有一些人带有这种与生俱来的特质，不管他走到哪里，都能成为人群中的焦点，他的话题成为大家的话题，他的提议得到最多数的响应，连他的穿衣打扮都可能成为大家效仿的样板。

那么，这种神秘的力量是怎样得来的呢？首先就是人品高尚。专家指出，如果想成功，为人正直是最重要的因素。

兰兹·恩德公司是一个拥有上十亿美元资产的大名录公司，有一度经营陷入了困境。市场上纸张的价格翻了一番，邮费上涨了不少，而需求却急剧减少，带来的直接后果是当年季度的利润下降了60%，并且没有好转的趋势。公司顾问建议公司总裁密歇尔·史密斯解雇下属，从而取悦股东，提升股票价格。

史密斯却不这么认为，自我形象的受损与公司长远利益相比不算什么，况且通过裁员使自己舒坦不是该做的事。他经过认真思考后，拒绝解雇任何人，相反，还增加了对孤儿院和精神病院的资助，甚至连兼职的下属也得到了全额的医疗保险。史密斯对此解释道："如果员工感到受压榨了，他们也不会很好地对待顾客。"

那么，结果如何呢?正直所换来的远不止尊重和信任，次年第一季度的利润比上年翻了3番，达440万美元，销售额增长了23%，兰兹·恩德公司所持有的股票价格也增长了85%。

这个故事提醒所有人：你应该努力做一个开诚布公、公平正直的人。如果你赢得这样的声誉，那么，身边的人都会更加信任你，支持你。当你需要从别人那里获得帮助的时候，他们会慷慨出手的。

想赢得别人的信任，除了为人正直可靠外，技能、本领过硬也很重要。

唐跃高中毕业后学了两年汽车修理，之后又帮人开了7年汽车。9年里，唐跃整天与各类汽车打交道，这使他对每款汽车的性能了如指掌，算得上"专家"。通过观察，唐跃发现目前市场上私车越来越多，但大部分买车人对车的特点、性能了解甚少，在买车过程中很需要一个懂行的人为他们做参谋。于是，他决定给人当参谋，收些"咨询费"。说干就干，唐跃印了5000多张名片，到车市散发，名片上的头衔是"车辆体检师 "，在名片背面还介绍了自己从事多年车辆维修和驾车的经历，提出的服务口号是"为你找到物超所值的爱车"。同时，他还联系上了北京市交通台一档晚间资

讯节目，向收听节目咨询购车知识的听众提供免费“验车”服务。这一招果然非常奏效，几期节目播下来，联系唐跃的人不少，就这样，一批听众陆续成为唐跃的主要顾客。没过多久，唐跃的生意就好得忙不过来，一个月的收入就超过了万元。后来，有很多人学着唐跃帮人验车，价格更低，抢了他的生意。唐跃想，只要自己的技术好、服务周到，肯定还是能赢得客户的信任。于是，他增加了服务内容，在验车的同时赠送陪驾服务。虽然他只有高中学历，实际水平却远远高出拥有本科学历的专业人士。客户认准他，不看别的，就看中他这一手货真价实的“硬功夫”。

唐跃凭借自己精湛的技艺获得了广大客户的认可和信赖，客户们还主动把自己的朋友介绍到他这里来，使唐跃拥有了一个非常稳定的客户圈子，并且逐步扩大。唐跃的经历告诉我们，任何一个人想取得别人的信任，都需要有让人信服的人格和技能。空口白牙去“忽悠”别人，早晚是会露出马脚的，只有实实在在做人，踏踏实实做事，不断完善自我，才能让关系持久而牢固。

成功锦囊

所谓“流水不腐，户枢不蠹”，一个人只有不断学习，丰富和更新自己的知识，不断完善自我，才能在职场上立足、在圈子里出众，为自己赢得气场和人气。

习惯的力量

特邀审校：百川校对

封面设计：罗　雷

版式设计：孙阳阳

文字编辑：程　慧

美术编辑：刘晓东

文稿撰写：张丽婕

插图绘制：孙至付